总主编　林家阳

立体构成

（第二版）

方四文　朱　琴　编著

中国轻工业出版社

图书在版编目（CIP）数据

立体构成 / 方四文，朱琴编著. —2版. —北京：中国轻工业出版社，2025.8

ISBN 978-7-5184-2980-6

Ⅰ.①立… Ⅱ.①方… ②朱… Ⅲ.①立体造型 Ⅳ.①J06

中国版本图书馆CIP数据核字（2020）第068694号

责任编辑：毛旭林　　责任终审：劳国强　　整体设计：锋尚设计
策划编辑：毛旭林　　责任校对：晋　洁　　责任监印：张　可

出版发行：中国轻工业出版社（北京鲁谷东街5号，邮编：100040）
印　　刷：艺堂印刷（天津）有限公司
经　　销：各地新华书店
版　　次：2025年8月第2版第5次印刷
开　　本：889 × 1194　1/16　印张：9
字　　数：150千字
书　　号：ISBN 978-7-5184-2980-6　定价：58.00元
邮购电话：010-85119873
发行电话：010-85119832　010-85119912
网　　址：http://www.chlip.com.cn
Email：club@chlip.com.cn

251191J1C205ZBW

序一

PROLOG 1

中国的艺术设计教育起步于 20 世纪 50 年代，改革开放以后，特别是 90 年代进入一个高速发展的阶段。由于学科历史短，基础弱，艺术设计的教学方法与课程体系受苏联美术教育模式与欧美国家 20 世纪初形成的课程模式影响，导致了专业划分过细，过于偏重技术性训练，在培养学生的综合能力、创新能力等方面表现出突出的问题。

随着经济和文化的大发展，社会对于艺术设计专业人才的需求量越来越大，市场对艺术设计人才教育质量的要求也越来越高。为了应对这种变化，教育部将“艺术设计”由原来的二级学科调整为“设计学”一级学科，既体现了对设计教育的重视，也体现了把设计教育和国家经济的发展密切联系在一起。因此教育部高等学校设计学类专业教学指导委员会也在这方面做了很多工作，其中重要的一项就是支持教材建设工作。此次由设计学类专业教指委副主任林家阳教授担纲的这套教材，在整合教学资源、结合人才培养方案，强调应用型教育教学模式、开展实践和创新教学，结合市场需求、创新人才培养模式等方面做了大量的研究和探索；从专业方向的全面性和重点性、课程对应的精准度和宽泛性、作者选择的代表性和引领性、体例构建的合理性和创新性、图文比例的统一性和多样性等各个层面都做了科学适度、详细周全的布置，可以说是近年来高等院校艺术设计专业教材建设的力作。

设计是一门实用艺术，检验设计教育的标准是培养出来的艺术设计专业人才是否既具备深厚的艺术造诣、实践能力，同时又有优秀的艺术创造力和想象力，这也正是本套教材出版的目的。我相信本套教材能对学生们奠定学科基础知识、确立专业发展方向、树立专业价值观念产生最深远的影响，帮助他们在以后的专业道路上走得更长远，为中国未来的设计教育和设计专业的发展注入正能量。

教育部高等学校设计学类专业教学指导委员会原主任

中央美术学院　教授 / 博导　谭平

序二

PROLOG 2

办学，能否培养出有用的设计人才，能否为社会输送优秀的设计人才，取决于三个方面的因素：首先是要有先进、开放、创新的办学理念和办学思想；其二是要有一批具有崇高志向、远大理想和坚实的知识基础，并兼具毅力和决心的学子；最重要的是我们要有一大批实践经验丰富、专业阅历深厚、理论和实践并举、富有责任心的教师，只有老师有用，才能培养有用的学生。

除了以上三个因素之外，还有一点也非常关键，不可忽略的，我们还要有连接师生、连接教学的纽带——兼具知识性和实践性的课程教材。课程是学生获取知识能力的宝库，而教材既是课程教学的“魔杖”，也是理论和实践教学的“词典”。“魔杖”通过得当的方法传授知识，让获得知识的学生产生无穷的智慧，使学生成为文化创意产业的有生力量。这就要求教材本身具有创新意识。本套教材从设计理论、设计基础、视觉设计、产品设计、环境艺术、工艺美术、数字媒体和动画设计等八个方面设置的 50 本系列教材，在遵循各自专业教学规律的基础上做了不同程度的探索和创新。我们也希望在有限的纸质媒体基础上做好知识的扩充和延伸，通过本套教材中的案例欣赏、参考书目和网站资料等，起到一部专业设计“词典”的作用。

我们约请了国内外大师级的学者顾问团队、国内具有影响力的学术专家团队和国内具有代表性的各类院校领导和骨干教师组成的编委团队。他们中有很多人已经为本系列教材的诞生提出了很多具有建设性的意见，并给予了很多有益的指导。我相信以我们所具有的国际化教育视野以及我们对中国设计教育的责任感，能让我们充分运用这一套一流的教材，为培养中国未来的设计师奠定良好的基础。

教育部高等学校设计学类专业教学指导委员会副主任

教育部职业院校艺术设计类专业教学指导委员会原主任

同济大学　教授 / 博导　林家阳

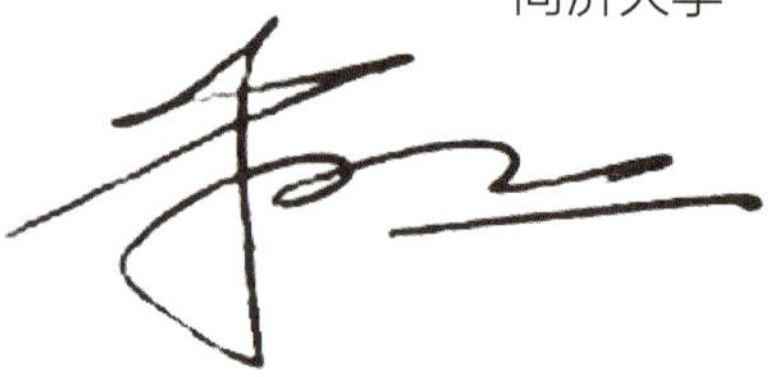

修订说明

REVISED NOTE

本教材自正式出版发行以来，已经在全国近300所学校使用，其使用范围覆盖了一本院校、应用性本科、高职专科、中职职高、技校以及社会培训学校等各个层次，其使用学校的分布区域包括经济发达的沿海省区以及中西部地区，说明该教材无论是在使用的学校层次还是在使用的地域分布方面，均具有良好的适应性。从教材的使用反馈来看，该教材以设计思维训练和形式美感提升为脉络的编写主旨得到了充分的肯定，该教材的编写体例以及训练项目的原创设计受到了较高的评价，该教材在参考案例和图片的典型性、教学操作上的简易性、语言组织的深入浅出性及以作为专业基础课的宽口径适应性等方面也反应良好。因此，本教材（第一版）有幸入选为“十二五”国家规划教材，并先后获得教育部职业院校艺术设计教指委“第四届精品教材一等奖”以及中国轻工业联合会“2017 年度中国轻工业优秀教材二等奖”，第二版荣获江苏省高校重点教材和“十四五”职业教育江苏省规划教材。

习近平总书记在“二十大”报告中指出要“文化强国”，要让“中华优秀传统文化得到创造性转化、创新性发展”，赋予艺术设计类专业艺术传承和文化创新的神圣使命。第二版的修订内容主要体现于如下三个方面。第一，是教材形态以及教学形式的与时俱进，具体表现为虚实结合以及在线互动，虚实结合指的是教材的各个训练项目以及各个知识点后面以二维码方式链接了教学视频以及大量的参考案例供学生学习，在线互动指的是指除了常规的课堂教学之外，还可以开展与教材内容相配套的线上自学与教学活动，与之配套了“十四五”江苏省职业教育首批在线精品课程《立体构成创意》（网址：http://www.icourse163.org/spoc/learn/CZILI-1001820004?tid=1001912002#/）。第二，是教材中案例与图片的刷新，增加了与中华优秀传统文化有关的创作案例内容及图片，本次的图片增添和更新量达到300余幅，更新的图片集中在第二章的各个训练项目。第三，是教材中的少量勘误。

本次修订感谢中国轻工业出版社的高度信任！感谢为教材提供课程作品的各个学校、各位老师以及各位作者！书中还有个别图片未能标明完整的出处，希望作者能够和我们取得联系，我们将深表谢意！由于水平有限，恳请同行们指正！

编者

第一版前言

FOREWORD

立体构成是一门非常重要的专业设计基础课程，对于产品设计和环境艺术设计等涉及三维形态设计方面的专业教学和培训具有“承上启下”的纽带作用。“承上”是因为该课程具有对平面构成、色彩构成、设计制图、表现技法、模型制作等前修或平行的专业基础课程具有整合性作用，“启下”是因为该课程对后续各专业课程具有基础平台和导向作用。立体构成既不是简单的低层次手工模仿制作课程，也不是直接的功能性专业设计课程，该课程需要解决艺术设计人才培养流程中两个基本而又非常重要的问题：其一是通过以手工为主的实物材料加工制作方式来培养学生的抽象形式美感，其二是通过非功能性的立体造型设计来培养学生的创新性设计思维能力。

本书的编写坚持两个基本原则，即“实用性”和“适应性”原则。首先，本书有意淡化理论的体系性和完整性，采用“项目化”的实用教学模式，将专业知识化整为零，以知识点介绍的方式融入项目设计之中。考虑到本课程的开设是针对低年级学生，书中文字表述尽量做到深入浅出，项目的设计做到由浅入深，以引发学生的学习积极性。其次，由于我国开设艺术设计类专业的院校遍及全国各地，各个学校的办学基础条件也相差很大，因此本书在课程的训练项目设计以及要求上兼顾各类院校不同专业的学生，书中的各个项目都可以在专业老师的指导下以简易的材料和手工化制作完成。

基于上文中阐述的两个基本问题和编写的两个基本原则，本书的编写具有如下几个特点：①项目化：本书的主要训练内容是第二章的六个训练项目，将知识、能力、技巧、审美以及思维训练等融入其中，六个项目是分层次的递进关系，但又相对独立，不同的专业还可以有所选择或侧重；②新颖性：从项目设计、内容编排、版式设计到参考图片等，做到既有专业设计的高度（本书中案例的选择和讲解以专业设计的高度为切入点），又有基础训练的落地，有较高比例的原创成分；③贴切性：有关训练内容和要求契合我国各类院校的艺术设计类学生实际情况，回避学术化、体系性、高端性的空洞，书中列举了大量经典案例，利于学生的“眼高”熏陶，也收录了很多“学长”虽不成熟但很有想法的原创作品，其“亲切感”“可达性”和“制作简易性”能让低年级学生增强学习的信心；④开放性：书中的项目设计尽量兼顾不同的专业，同时在保持基本要求的前提下，也可以由不同专业的老师们“移花接木”来充实内容；⑤资料性：考虑到低年级学生此前看到的或关注到的专业性资料有限，本书罗列了大量专业图片，部分图片附有简短点评，利于学生借鉴和参考。

本教材既可以作为本科、高职高专院校学生的专业用书，也可以作为艺术设计工作者自学的参考用书。

编者

课时安排

（建议课时72）

<table>
<tr><th>章节</th><th colspan="2">课程内容</th><th colspan="2">课时</th></tr>
<tr><td rowspan="4">第一章
认知篇——从感知立体到立体构成
（2课时）</td><td rowspan="2">第一节　立体世界的认知</td><td>1. 自然立体的认知</td><td rowspan="2">1</td><td rowspan="4">2</td></tr>
<tr><td>2. 人工立体的认知</td></tr>
<tr><td rowspan="2">第二节　立体构成的概述</td><td>1. 立体构成的内涵</td><td rowspan="2">1</td></tr>
<tr><td>2. 立体形态的感知</td></tr>
<tr><td rowspan="6">第二章
创意篇——从形式基础到构成创意
（64课时）</td><td rowspan="3">第一节　形式基础训练</td><td>1. 训练项目一：线材仿生构成</td><td>10</td><td rowspan="3">30</td></tr>
<tr><td>2. 训练项目二：面材仿生构成</td><td>10</td></tr>
<tr><td>3. 训练项目三：块材几何构成</td><td>10</td></tr>
<tr><td rowspan="3">第二节　构成创意训练</td><td>1. 训练项目一：空间创意构成</td><td>12</td><td rowspan="3">34</td></tr>
<tr><td>2. 训练项目二：经典演绎构成</td><td>10</td></tr>
<tr><td>3. 训练项目三：主题创意构成</td><td>12</td></tr>
<tr><td rowspan="9">第三章
赏析篇——从设计创意看构成表达
（6课时）</td><td rowspan="3">第一节　实体造型的构成运用</td><td>1. 运用一：雕塑造型设计案例</td><td rowspan="3">2</td><td rowspan="9">6</td></tr>
<tr><td>2. 运用二：产品造型设计案例</td></tr>
<tr><td>3. 运用三：装置艺术设计案例</td></tr>
<tr><td rowspan="3">第二节　空间造型的构成运用</td><td>1. 运用一：室内空间设计案例</td><td rowspan="3">2</td></tr>
<tr><td>2. 运用二：展示空间设计案例</td></tr>
<tr><td>3. 运用三：景观规划设计案例</td></tr>
<tr><td rowspan="3">第三节　混合造型的构成运用</td><td>1. 运用一：包装造型设计案例</td><td rowspan="3">2</td></tr>
<tr><td>2. 运用二：时尚造型设计案例</td></tr>
<tr><td>3. 运用三：建筑外观造型案例</td></tr>
</table>

目录

CONTENTS

第一章

认知篇
——从感知立体到立体构成

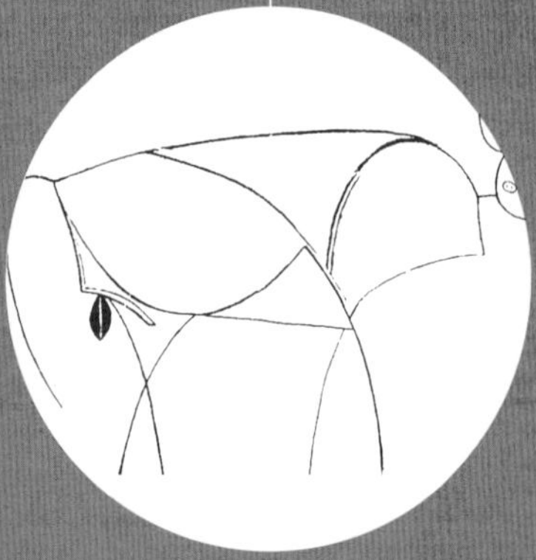

人类生活在一个时空不断变幻的物质世界（也是立体的世界）中，我们对于时空变化认识的参照物就是周边实实在在的各种物体（立体）以及它们的变化，也包括我们人类自己的身体以及生命发展过程所产生的变化。

子曰：“逝者如斯夫，不舍昼夜。”对于时间流逝和生命衰老的自然规律，我们难以抗拒。但是，我们可以在有限的时间和生命周期中，利用人类的伟大智慧，通过辛勤劳动，让我们周边的物质世界变得越来越美好，因为优美、艺术、高雅的环境营造可以让我们的生存空间充满情趣和富有品位。于是，从原始社会开始，人类的祖先便开始了改善环境的各种造物活动，人类的文明进程也开始有了实物（立体）的佐证。

优美的物质环境包括自然环境和人工环境两个方面，或者说是由自然立体和人工立体构成。人类社会的发展与自然环境之间的关系是一个亘古不变的话题，它包含“人的自然化”和“自然的人化”这两个方面，二者的关系恰如一枚硬币的两个面。一方面，我们要适应自然和顺应自然，因为人类本来就是大自然的一个有机组成，所以我们要学习、认知自然世界的相互关系和造物规律，学会欣赏自然造化带给我们的各种鬼斧神工和美轮美奂。另一方面，我们可以利用自然规律和美学法则来开展人工造物活动，改善我们的生活环境，提升空间的艺术品位，营造人类的温馨家园，实现人民对美好生活的向往。

总之，大自然的造化永远是我们的造型设计导师。对于设计思维能力的提升，对于视觉形式美感的把控，我们可以师法自然来天工开物，使得我们的环境营造能够达到“道法自然”的美妙境界。

※※※本章的课外小作业

根据教师提供的参考书目或网站，查阅相关资料，完成一份关于立体构成的认识报告，手工誊写在A3大小的纸张上。报告内容：选择并临摹与包豪斯相关的立体构成或设计作品2至3幅，完成与之相关的文字表述（不少于500字），注意版面编排效果。在版面的醒目位置上标出“包豪斯与立体构成”，在版面的右下角标明作者姓名、班级、学号、指导老师以及制作日期。

认知报告

第一节　立体世界的认知

图 1-1　浩瀚太空的星系是超巨型立体 / 引自《宇宙奇迹》/ 2014

图 1-2　繁华都市是人造大型立体形态 / 上海浦东 / 2017

图 1-3　偏远乡村是人造小型立体形态 / 引自《中国民居之美》/ 2011

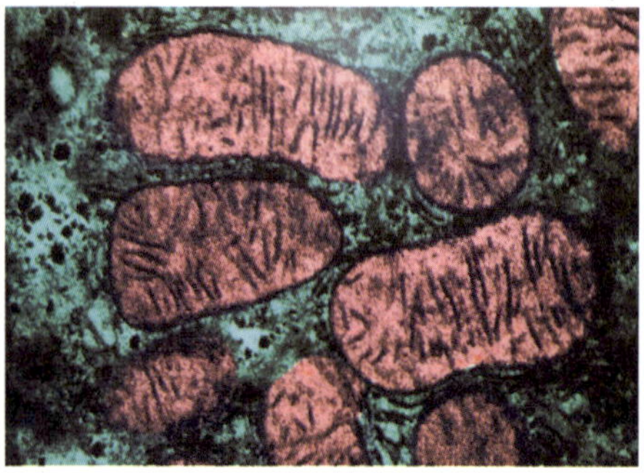
图 1-4　电子显微镜下的线粒体为微型立体 / 引自《地球之美》/ 2017

人类赖以生存的自然界是一个充满生机的物质世界，日月星辰、山川河流、繁华都市、偏远乡村等都是物质实体的构成，我们生活中的衣食住行也都要与实实在在的各种物质实体打交道。这些物质实体，有的存在于人类肉眼可以直接看到的周边环境，有的存在于肉眼难以企及的遥远太空，有的则存在于我们肉眼无法看见的微观环境。如图1-1至图1-4所示。

立体世界的认知

无论在尺度上的宏大或是微小，这些物质实体都有具体的长、宽、高（或厚）的大小尺寸，所以都可以称之为"立体"。自然界的各种立体（这里称之为"自然立体"）构成了自然界的丰富多彩，人类通过劳动加工成的各种立体（这里称之为"人工立体"）记录了人类文明进程的足迹。这些自然立体和人工立体的组合，构成了我们人类生存空间的基本物质实体组成。或者说，我们生活在一个实实在在的"立体世界"。

1. 自然立体的认知

自然立体的认知

为了讨论的方便，我们把自然界按照尺度大小分为三个层次，即宏观世界、微观世界和中观世界。我们把地球以外的物质世界称为宏观世界，把地球本身范围内人类可以直接接触到的物质世界称为中观世界，把人类肉眼无法看到而借助仪器才能看见的周边微观环境称为微观世界。

1）宏观世界的立体认知

由于宇宙的浩瀚无边，我们需要借助非常先进的各种观测仪器来进行有关的研究。关于宇宙的形成，目前获得比较多的认可理论是"大爆炸理论"，即宇宙源于一个质量无限密集的基点的一次大爆炸，爆炸后形成的各种物质到现在还在不断地向外扩散，也就是说宇宙还在慢慢地生长、放大。宏观世界的立体就是在宇宙这个浩渺的太空中分布的各种星球。这些球状的立体形成，是通过物质之间的各种力相互不断作用的结果，如图1-5所示。

"星球"是个很大的概念，从小行星、矮行星、行星、恒星，一直到白矮星、黑矮星、中子星、磁星等，都是"星球"，也都是巨型的自然立体。我们人类所在的太阳系的前身是一团密云，原始太阳星云中的质点最初处在混沌状，在磁力的作用下这些质点横冲直撞，逐渐由无序状态变成有序状态，一方面向心吸积聚变为太阳（太阳的形成已经超过50亿年），另一方面这团气体逐渐向扁平状发展，如图1-6所示。

在各种自然力的综合作用和平衡下，这些自然立体收缩成球形，这

图 1-5　太阳系星球尺度以及运行轨迹关系 / 引自《地球之美》/ 2017

是宇宙间最基本的物理法则之一，因为只有收缩成球形才能达到物体内部的引力平衡。从人类的审美来看，这些星球的形态都非常漂亮和壮观，这也提示我们：自然立体形态是力的平衡结果，人类的视觉审美形态和力的作用是相关的。各种星球的体量大小、空间分布和运动状态同样与各种宇宙力的作用密切相关，所以它们的体量关系、排列方式也很美（图1-7），值得人工造物时借鉴。由于观察技术以及天文知识的局限性，古代人认为天（即“星球”）都是圆的，如中国古人的宇宙观就是“天圆地方”，所以有些古代建筑的造型与“圆”的元素有一定的关系。图1-8所示北京天坛祈年殿，其建筑以及广场造型借鉴了“天圆地方”这一概念。图1-9中古罗马万神庙的室内穹顶也是如此。

图 1-6　呈扁平状的太阳系 / 引自《太空漫游——宇宙中 100 个令人神往的目的地》/ 2016

图 1-7　仙女座星系 / 引自《太空漫游——宇宙中 100 个令人神往的目的地》/ 2016

图 1-8　北京天坛祈年殿 / 引自《建筑的意境》/ 2014

图 1-9　古罗马万神庙 / 引自《你应该读懂的 100 处世界建筑》/ 2007

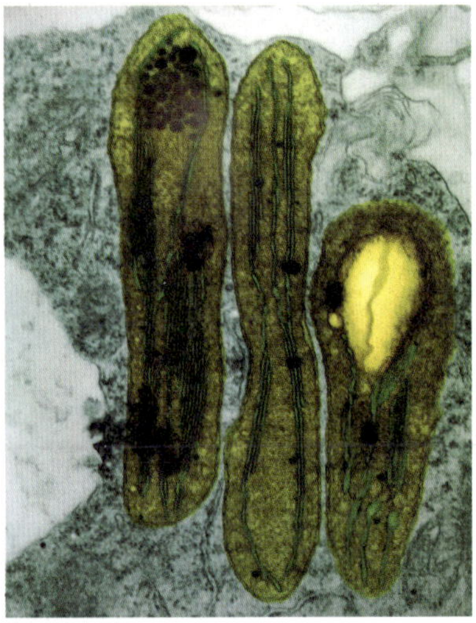

图 1-10 显微镜下的叶绿体 / 引自《地球之美》/ 2017

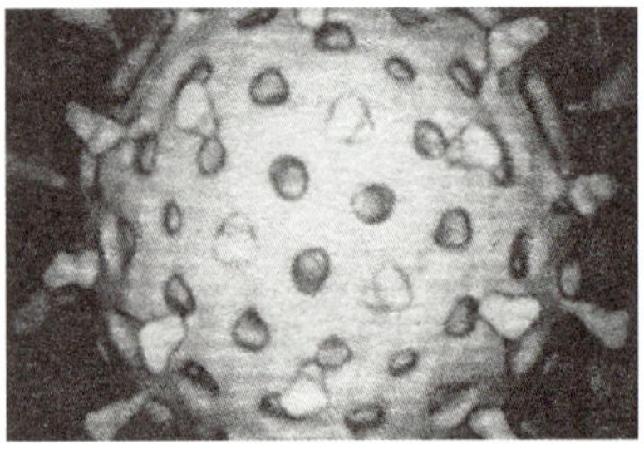

图 1-11 显微镜下的病毒 / 引自《病毒一家人》/ 2012

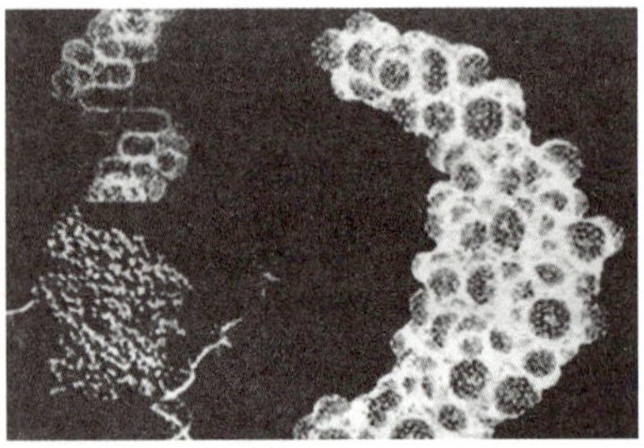

图 1-12 显微镜下的人体基因 / 引自《探索基因之谜》/ 2012

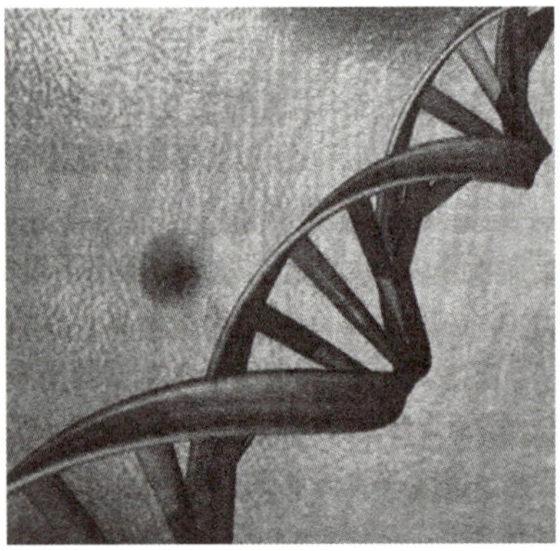

图 1-13 DNA 链结构图 / 引自《探索基因之谜》/ 2012

2）微观世界的立体认知

人的肉眼可以分辨直径大于0.1毫米（符号mm）以上的物体，小于该尺度的事物都属于微观世界。地球上的各种生物（包括植物、动物和微生物）个体是由器官构成，器官由组织构成，组织由细胞构成。在显微镜的帮助下，细胞（图1-10、图1-11）才可以被看见。细胞再由细胞核、细胞质、细胞膜等构成，细胞有运动、营养和繁殖等机能。DNA（脱氧核糖核酸）是细胞内的一种分子，可组成遗传指令，以引导生物发育与生命机能运作。如图1-12、图1-13所示DNA分子在高倍显微镜下放大后，呈现优美的立体造型。

随着科技的不断发展，人类今天对于微观技术的研究由微电子技术进入了纳米技术阶段。纳米又称毫微米（符号为nm），就是100万分之一毫米，相当于4倍原子大小，比单个细菌的长度还要小。一根头发的直径是0.05毫米，把它径向平均剖成5万根，每根的厚度大约就是一纳米。纳米技术，是研究结构尺寸在1至100纳米范围内材料的性质和应用。纳米材料具有传统材料所不具备的奇异或反常的物理、化学特性即纳米效应，如原本导电的铜到某一纳米级界限就不导电，原来绝缘的二氧化硅、晶体等，在某一纳米级界限时开始导电，这是由于纳米材料具有颗粒尺寸小、比表面积大、表面能高、表面原子所占比例大等特点。人类关于微电子技术、纳米技术的实施，是人类从微观层面进行的人工立体造物。

由此看来，无论是肉眼看不见的生物细胞还是更小的纳米级非生物物质，它们依然都是微小的自然立体形态，揭开微观世界的神秘面纱，我们可以从另外一个角度欣赏到立体世界的美妙。了解这些微观物质的形态和特性，对于科学技术的发展和我们人类未来的生活均具有重要的意义。

3）中观世界的立体认知

中观世界（地球）在人类的视野中是一个非常现实、真切、美妙的物质世界，因为它看得见、摸得着。

地球是太阳系九大行星之一，按离太阳由近及远的次序排列为第三颗，地球赤道半径6378.2千米（符号km），赤道周长40075.7千米（符号km）。地球是人类的母亲，地球的矿物和生物等资源维持了全球的人口生存。从太空看地球表面，地球是一个蓝色的星球，地球表面大约71%是海洋，剩下的部分被分成洲和岛屿（图1-14）。地球是上亿种生物的家园，是人类目前所知宇宙中唯一存在生命的天体。

地球在数亿万年的进化发展中，逐渐形成了地球表面的山脉、河流、湖泊、大洋等大尺度地形地貌，它们的形态或壮美，或阴柔，或惊险，或平和，大自然的造型可谓千奇百怪、千差万别但又鬼斧神工、美妙绝伦，如图1-15、图1-16。

地球的物理特性和它的地质历史以及运行轨道，使得地球上的生命能周期性地持续。地球的大气层是地球上所有生物的特殊保护膜，大气层和地球表面之间的空气和水汽的对流产生了风、云、雨、雪等天气的变化，使得我们周边的自然界显得更加多姿多彩。但是，如地壳剧烈运动产生的地震、海啸，如强烈热带气流带来的暴雨、狂风，这些让我们人类感受到大自然偶尔狰狞与充满暴力的一面，如图1-17。

地球上的生物圈是指地球上所有生态系统的统合整体，是地球的一个外层圈，其范围为海平面上下垂直约10公里，它包括大气圈底部（鸟类、昆虫、细菌等的活动范围），岩石圈的表面（为生物的“立足点”），水圈的大部（距离海平面150米内的水层）。生物圈为生物的生存提供了基本条件：营养物质、阳光、空气和水、适宜的温度和一定的生存空间。大部分生物都集中在地表以上100米到水下100米的大气圈、水圈、岩石圈、土壤圈等圈层的交界处，这里是生物圈的核心。生物圈的存在，使得我们人类生存的地球变得生机勃勃。

构成生物圈的生物基本组成可以分为五大类：即原核生物、原生生物、真菌、植物以及动物。原核生物是没有细胞核的生物，目前发现4千余种，包括古菌和细菌，细菌按其形态又可分为杆菌、球菌、螺旋菌。原生生物主要是单细胞生物，也有部分是多细胞的但不具组织分化，这个类别是真核生物中最低等的，有5万种以上。真菌是真核细胞生物，但没有叶绿素，有8万多种，人们通常将真菌细分为鞭毛菌、接合菌、子囊菌、担子菌和半知菌。其中，担子菌是一类高等真菌，多数种具有食用和药用价值，如金针菇、牛肝菌、灵芝等，它们的外观形态都很美，如图1-18、图1-19。植物是生物中的一大类，都是多细胞生物且细胞中有叶绿素，地球上有30万种以上。植物是生命的主要形态之一，包括乔木、灌木、藤类、草本、蕨类、地衣及绿藻等生物，地球因为有了绿色植物的存在而充满了生机，如图1-20。动物是多细胞真核生命体中的一大类群，有150万种以上。动物细胞中没有叶绿素，一般不能将无机物合成有机物，只能以有机物（植物、动物或微生物）为食料，因此具有与植物不同的形态结构和生理功能，以进行摄食、消化、吸收、呼吸、循环、排泄、感觉、运动和繁殖等生命活动，如图1-21。

图 1-14　地球是一个蓝色的星球 / 引自《宇宙奇迹》/ 2014

图 1-15　挺拔而多姿的山形 / 湖南张家界 / 2019

图 1-16　俯瞰亚马孙河 / 引自《地球之美》/ 2017

图 1-17　飓风的风眼 / 引自《地球之美》/ 2017

图 1-18　野生木耳形态 / 2016

图 1-19　灵芝外观形态 / 引自《餐桌上的中药 · 灵芝》/ 2015

总之，地球上的生物形态可谓异彩纷呈，构成了变化万千的自然立体世界。自然造型的美来源于力的平衡，这是我们认知自然形态的基本原理，也是我们学习自然造型时的基本出发点，如图1-22。

2. 人工立体的认知

人工立体的认知

人类社会所制造的各种工具与用品（包括物质用品和精神用品），称之为人工造物，从形态上来讲它们其实都是各种不同类型的立体。从使用目的来分类，人工造物可以分为生产性造物（包括生产工具、加工工具等）、生活性造物（包括衣食住行等）、精神性造物（包括宗教、艺术、文化、教育、科技等）三大类，或强调实际功能，或强调外观形式，或强调内涵意蕴，或兼而有之。

1）生产性造物的立体认知

生产性造物可以追溯到人类以石头为工具的石器时代。旧石器时代的原始人类已学会用敲打过的石头作为攻击武器来捕获野兽，进入新石器时代，人类开始用磨制方法来加工石器，这较之于旧石器时代的敲打方法可以使加工形状更加易于把握，但是要求加工者具有一定的想象力或预见性，而想象力是人工造物能够发生的重要基础（图1-23）。石器时代的一些重要发明，如弓箭、骨针及原始陶器，说明当时人类已经具有丰富的想象力（图1-24）。

后来，人类学会了使用机械来提高生产工具的效率，人类社会的发展从农耕时代到工业时代再到信息时

图 1-20　绿色植物不但具有很美的立体造型，也为动物提供食物和氧气 / 广东佛山 / 2019

图 1–21　天蛾 / 引自《当自然赋予科技灵感》/ 2017

图 1–22　虫形飞机 / 引自《当自然赋予科技灵感》/ 2017

图 1–23　石犁 / 浙江良渚博物院 / 2019

图 1–24　有段石锛 / 引自《天工开物：古代工艺美术》/ 2007

图 1–25　使用水车可以节省人工 / 江苏省第八届园博会 / 2013

图 1–26　发电机可以大大提高生产效率 / 青岛啤酒博物馆 / 2013

代，生产性造物变得越来越复杂化和高效化，如图1–25、图1–26。现代社会的生产性造物和原始社会的生产性造物的目的其实是一样的，那就是为了解决某种实际的生产需要，造物是以功能为主的。要实现造物的特定功能，就得使造物的外观形态、内部结构以及使用的材料等能够符合特定的功能性受力需要。正如自然立体的形成是各种自然力综合平衡的结果，人类的生产性造物也是在满足功能性受力需要的前提下的力的平衡需要，这种人工造物产生的美感称为功能美。

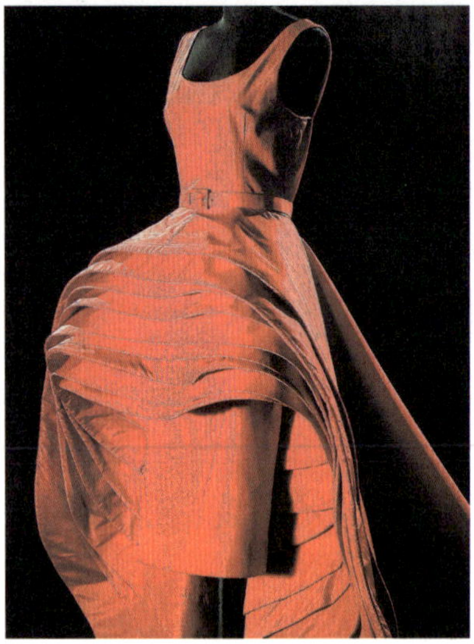
图 1-27　时装造型 / 引自《优雅的时尚》/ 2016

图 1-28　居住建筑造型 / 江苏常州太湖庄园 / 2019

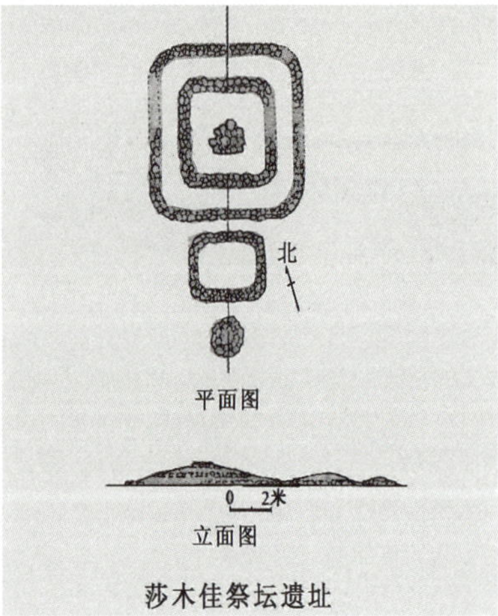

图 1-29　内蒙古大青山原始祭坛示意图

2）生活性造物的立体认知

生活性造物与日常生活密切相关，衣食住行的相关物品都需要劳动来创造。面料和服装的设计和加工，粮食和食品的生产和加工，满足人类居住、工作、交往和休闲的建筑环境的设计和施工，满足人类出行的交通工具的设计和生产，这些都属于生活性造物的范畴。

美国心理学家马斯洛（A · H · Maslow）关于人的需求层次理论认为人的基本需要可以划分为六个层次：第一层次为生物需要，内含安全需要，即对饥、渴、性、休息和安全等方面需要的满足；第二层次为归属关系和爱的需要；第三层次为受尊重的需要，即保持自身人格的独立和取得个人价值认同的需要；第四层次为认知的需要，即求得对于事物认识和理解的需要；第五层次为审美的需要，即对于秩序感、和谐和美感的需要；第六层次为自我实现的需要，即发挥自身潜能以求得自身发展的需要。马斯洛认为，较低层次的需要是优先的，越是高级的需要对于维持纯粹的生存就越不迫切，但是高级需要才能使人产生更大的幸福和内心生活的丰富感。

按照马斯洛的需求层次理论，人类的生活性造物首先需要满足较低层次的需要（即功能性、实用性、安全性等），但是最好也要满足高层次的需要（即个性、审美性、精神性等）。图1-27与图1-28所示的生活性造物，分别是时装造型和建筑造型，它们是对于人类多层次需求的立体形态，既要满足实际功能的需要，还要满足审美和形式感的需要。

3）精神性造物的立体认知

精神性造物是为了满足人们的精神需求而产生的宗教、艺术、文化等方面的造物活动。

人类社会在发展早期因缺乏对自然的了解而迷惘，这时人类适应环境和改造环境的能力也十分有限，对于自然的伟力充满着恐惧和敬畏，便产生了巫术、图腾和祭祀等活动，这些活动逐渐变成人们的一种精神寄托方式，发展为宗教。宗教的“道具”和“场景”是典型的精神性造物，如中国古代认为天是圆的而地是方的，这种“天圆地方”之说对于祭祀天地的建筑及场所便产生影响，从位于内蒙古大青山地区原始社会的祭坛形态（图1-29）我们不难看出这种迹象，而天坛的建造也充分体现了“天圆地方”的造型设计理念（图1-30、图1-31）。纪念性建筑也是精神性造物的一类，作为开展追思和缅怀等纪念活动的特定场所，需要营造一种与之相吻合的空间氛围，一般来说庄重、肃穆、高大的纪念碑体会成为纪念空间的视觉中心。如厦门烈士纪念碑（图1-32）的碑高24米，碑座系两层台基，碑座和碑顶分别雕以海浪和白云，该纪念碑造型雄伟壮观，象征着革命先烈顶天立地的英雄气概，其旁有纪念广场，在此举行仪式凭悼先烈。

按照马斯洛的需求层次理论，以宗教为代表的人类精神性造物从一开始

图 1-30　北京天坛寰丘鸟瞰 / 中间同心圆立体造型代表天，周边方形矮墙代表地 / 引自《建筑的意境》/ 2014

图 1-31　天坛祈年殿 / 引自《世界建筑图鉴》/ 2008

图 1-32　厦门烈士纪念碑

就是为了满足人类的高层次的需要。精神性造物的立体形态不但强调外观形式，也强调内涵意蕴，强调环境氛围的烘托，这类人工造物不但强调功能美，更强调形式美之中隐含的意境美。

总之，生产性造物、生活性造物、精神性造物等所形成的人工立体是人类模仿自然立体形成中各种力的平衡的结果，而且不同的人工立体造型的产生与人类的相关需求是密不可分的，只是它们在满足功能性、审美性和精神性等三个方面的需求上会有所侧重。

第二节　立体构成的概述

立体构成是现代艺术设计的基础构成之一。立体构成艺术是研究形态创造与造型设计的艺术设计基础学科，除在平面上塑造形象与空间感的图案及绘画艺术外，其他各类造型艺术都可以划归立体艺术与立体造型设计的范畴。

图 1-33 “点”构成的立体造型 / 江苏省第八届园博会

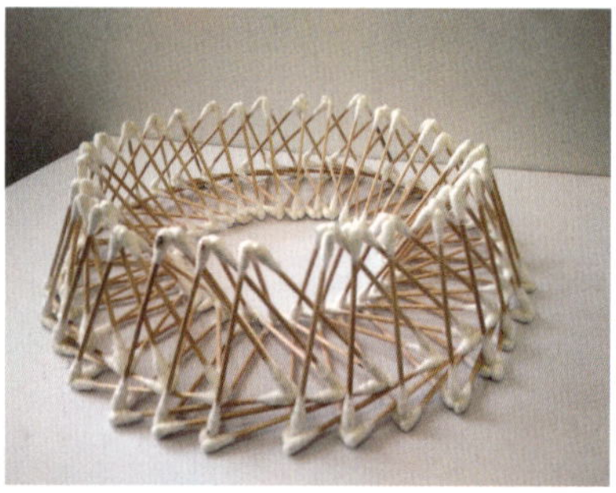

图 1-34 “线”构成的立体造型 / 汤嘉欣 / 2019

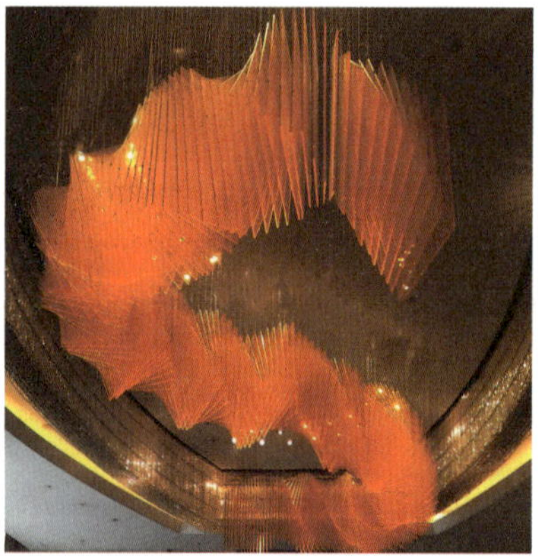

图 1-35 “面”构成的立体造型 / 2018

图 1-36 “块”构成的立体造型 / 陈鹏 / 2020

1. 立体构成的内涵

立体构成的定义

1）立体构成的定义

立体构成是指利用加工材料，以审美为原则，以力学为依据，将基本形式造型要素（点、线、面、块）按照一定的构成方式组合成新的三维形体的构成方法，是以实体的点、线、面、块作为基本元素来研究空间立体形态的学科，也是研究立体造型各元素的构成法则，其主要任务是揭开立体造型的基本规律。

整个立体构成的过程是一个形态分割再到组合，或组合再到分割的过程。任何立体形态可以还原到基本元素的点、线、面，而点、线、面又可以组合成任何立体形态。如图1-33至图1-36。立体构成的探求包括对材料形态、色彩、质感等心理效能的探求和材料强度的探求以及加工工艺等物理效能的探求这几个方面。

立体构成同时也是对实际的空间和形体之间的关系进行研究和探讨的过程。如果说立体是正形，则空间就是其负形，任何立体都同时具备立体和空间的双重属性，因此也有人把“立体构成”称为“空间构成”。

立体构成属于典型的人工造物范畴，是非常重要的三维设计基础训练课程，把握立体构成的训练方向和造型特征是很有必要的。立体构成的基本特点是：以实体占有空间、限定空间并与空间一同构成新的环境、新的视觉产物。归纳起来，立体构成的主要特征有如下六个方面。

立体构成的基本特征

① 形式特征

立体构成是以抽象形式语言按照美的规律去进行造型的加工，作品追求的是抽象的形式美感，即形式特征。

② 三维特征

立体构成是以基本几何形（块）塑造具有长、宽、高三维尺寸的立体造型，即三维特征。

③ 空间特征

立体构成是以点、线、面、块等最基本的几何元素实体来塑造的抽象立体形象，这个立体形象是处于空间中的形象，换言之立体和空间是同时并存的，因此具有空间特征。如图1-37所示。

④ 材料特征

立体构成的造型是通过实体的材料来完成的，即材料特征。要求制作者具备把握材料来完成造型的能力，有关材料的选择和加工设备、加工工艺等要保证造型能准确表达最初的创作设想。如图1-38所示。

⑤ 力学特征

立体构成的是以材料为基础来实施的，立体造型的完工需要材料的结构

（包括材料的连接方式、材料的支撑强度等）可以保证造型的稳定，也就是维持力的平衡，即具有力学特征。

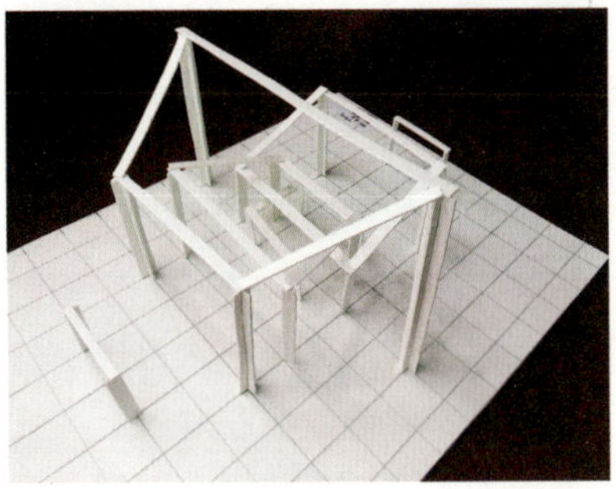

图 1-37　空间构成强调实体外的“空”/ 孟帅 / 2013

⑥ 设计特征

立体构成是各类三维设计专业的设计基础训练，一方面培养学生的抽象形式美感，另一方面培养设计思维能力（一种融合感性思维和理性思维的多向解决问题的系统创新思维能力）。具备形式美感和设计思维能力是专业设计的重要基础，因此立体构成训练是通向专业设计的过渡和衔接。立体构成作品可以认为是从抽象造型审美向观念设计拓展的半设计作品，或者说构成设计是专业设计流程的前面一部分。事实上，构成作品本身都具有一定的设计感或设计特征，反之专业设计作品也都具有很好的构成感，如图1-39所示。

图 1-38　实体材料是立体构成加工制作的物质基础

2）立体构成的起源

现代艺术是立体构成产生的催化剂。20世纪初，在印象派画家塞尚的色彩空间混合风格和高更的原始主义神秘风格的感召之下，现代艺术发展起来。照相术的发明促成了传统具象美术的观念过渡到现代艺术阶段，早期的现代艺术流派有原始主义、立体主义、未来主义、结构主义、达达主义和风格主义等。

立体构成的起源与分类

毕加索是立体主义创始人之一。为寻求立体造型语言，毕加索试图从非洲木雕、原始艺术中吸取并采用几何形体简单的表现法，如图1-40、图1-41。在印象派以及立体主义等的引领下，现代艺术逐渐走向抽象，也催生了现代设计构成，现代设计构成包括平面构成、色彩构成、光构成以及立体（空间）构成等。

图 1-39　抽象雕塑 / 江苏省第八届园博会

图1-40　非洲木雕/引自中华古玩网/2013

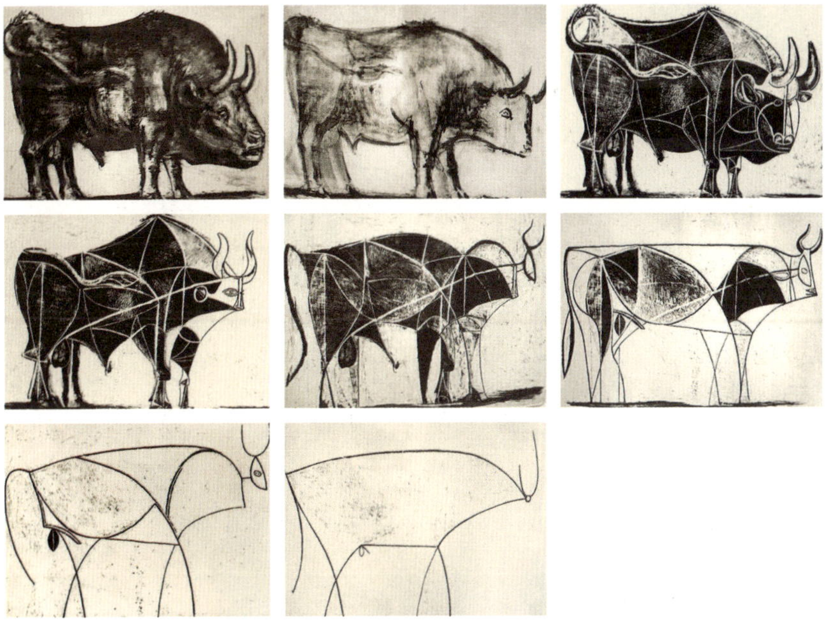

图 1-41　毕加索的八张关于斗牛的绘画，可以看出从具象立体到抽象立体的认识过程

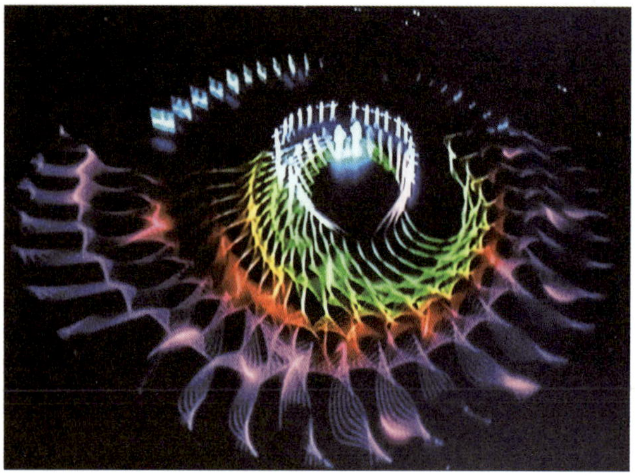
图 1-42　光构成 / 韩国平昌冬奥会 / 2018

图 1-43　实体构成 / 常州环太湖艺术城 / 2019

图 1-44　空间构成 / 上海美凯龙中庭 / 2018

“立体构成”这门课程起源于1919年，是德国包豪斯学院在创办后确立的。其教学核心旨在把学生从传统的美学意识中解放出来，代之用非具象形态和抽象性的思维，这种设计教学理念对于现代艺术设计教育以及现代设计产生了划时代的影响。构成教育自20世纪80年代开始引入我国，成为我国所有艺术设计院校共用的基础课程。日本的大学设计教育非常重视构成训练，不仅把构成教育作为重要的设计基础课程，而且变成为一门专业，还设有构成学的博士学位点。因此，日本在构成领域取得了突出的成绩，而且为日本现代设计的振兴起到了基础性的支撑作用。

3）立体构成的分类

立体构成的分类，根据分类的依据不同可以有不同的类型。如果按照以物理特征（材料）不同，可以分为点构成（图1-33）、线材构成（图1-34）、面材构成（图1-35）、块材构成（图1-36）、光构成（图1-42）以及它们的综合构成。如果按照对于空间或实体的侧重性来分，可以分为实体构成（图1-43）和空虚（空间）构成（图1-44），前者强调造型本身的外观特征和形式美感，后者强调实体之间的空隙以及空隙之间的连贯关系。

如果按照构成的具体目的来分，可以分为纯粹构成和设计构成（目标构成）。纯粹构成主要强调抽象的形式美感的表达，没有任何功能或具体设计要求的指向，本书第二章中的训练项目（即线材仿生构成、面材仿生构成、块材几何构成、空间创意构成、经典演绎构成、主题创意构成等六个项目）均为纯粹构成。设计构成则是指具有一定目标指向的构成创意设计，本书第三章中关于27个各类设计作品的构成分析，就是立体构成在设计中的运用，即设计构成。

2. 立体形态的感知

关于立体形态的感知是指从人类的感知层面展开的探讨，人类的感知涉及视觉层面、触觉层面以及心理层面。其中，视觉层面和触觉层面是浅层次的外观形式感知，心理层面则是深层次的心理感觉，二者之间又是相互影响的。

立体形态的感知

如前文所述，立体形态包括自然立体形态和人工立体形态两大类，其合理的形态外观是各种内力和外力综合作用平衡的外在表现。因此，对于外观形式感的把握，具有一定的共性特征规律，我们可以归纳总结出一些形式美的法则来加以参照，这也是本书训练的重点之一。而对于心理感觉的把握，则要复杂得多。心理感觉就是指人脑对直接作用于感觉器官的客观事物的反映，是由感觉所受的刺激引起视知觉的兴奋传导，并且根据以往的知识经验来理解对象的。审美的心理感觉，会受到时代、时间、地域等因素的影响，还有生活哲理、思想观念、民族个性等方面的影响。

1）基本形态的感知

①“点”形态的感知

“点”是最活跃的视觉形态，也是所有形态的基础，也是形态设计中最基本的元素。康定斯基提出“点”是最简洁的艺术形态，也是最灵活、最活跃的单一视觉形态，“点”成为现代设计师在各类型的设计中最不可或缺的设计元素。点在通常实际设计应用中形态多样，点的有序密集排列可以形成线的形式（图1-33、图1-45），点的数量与面积增加到一定程度则会产生面的感觉，点的有序堆积可以形成体量的感觉，点还具有突出视觉重心的作用。在立体形态构成中，点在造型中具有相对性，如我们看在码头停泊的战舰可以说是庞然大物，而我们看大洋之中的一艘战舰，只能是一个点，战舰之所以有点的感觉，是因为海洋之辽阔，环境的大小便相对决定了形态“点”的产生。

②“线”形态的感知

线是最具有情绪化和表现力的单一视觉形态（图1-46）。线条作为一种常规的视觉形态，是具有原始生命力的，在视觉上能让我们自然地产生一种感知联系，我们的视线流动轨迹也随之相应变化。线具有丰富多样的形态，不同的长短、粗细、曲直的线会给观者一种坚硬、严谨的视觉感觉，曲线的合理运用会给人一种舒展、轻松，自由的感觉，斜线的运用给人一种飞跃、冲刺的动感。

③“面”形态的感知

“面”在这里是指同时具有长度、宽度的薄片实体，具有较强的视觉延展感。不同形状的面给观者不同的视觉感受，如直线面，简单整洁、平稳硬朗（图1-35、图1-47）；几何曲线面，饱满完美；自由曲线面，有自然活泼、丰富柔和的效果（图1-48）。面的虚实、比例大小、形状、质感、颜色、明暗等方面的变化，也是影响观者产生不同的心理感受的因素。

④“块”形态的感知

“块”在这里是指同时具有长度、宽度和深度的三度空间的实心体，或是由多个“面”材所围合加工成的“外实内虚”的空心体，其中实心体“块”具有较强的体积感和量感特征。

空心体“块”是指由面所形成的几何形体单元，可以分为平面几何形体、

图 1-45　常州淹城灯会 / 灯“点”立体造型 / 2018

图 1-46　抽象雕塑 / 深圳 / 2014

图 1-47　直线面材的构成简洁明快 / 刘威 / 编者指导 / 2013

图 1-48　曲线面材的构成活泼动感 / 蒋一鑫 / 张学凯指导 / 2014

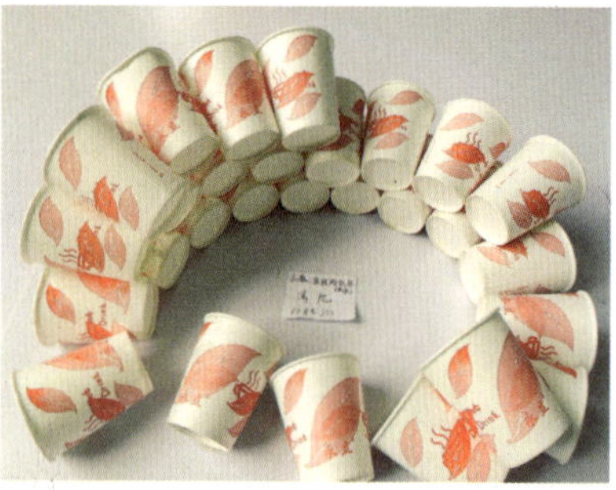
图 1-49　曲面几何形体的构成造型 / 高恺 / 2012

图 1-50　自然形体显得丰富、华丽

图 1-51　树枝向上的生长秩序和分布的条理

图 1-52　对称造型通过细节处理来丰富造型 / 张家界天门山寺

曲面几何形体、自由曲面形体以及自然形体四种情况。平面几何形体以其边界直线互相衔接，形成具有三维性质的空间及其立方实体，如三棱锥体、正四棱锥体、正立方体等，其性格特征是形体表面为平面、棱线为直线、形体简练大方、稳定性强，如图1-36所示。曲面几何形体是由几何曲面所构成的旋转体，如圆球、圆环、圆柱等，其特征是秩序性强、感觉严肃端庄又有曲线变化，如图1-49。自由曲面形体是自由曲面形成的立体造型，包括自由曲面形体和自由曲面形体形成的旋转体，其特征是优美活泼。自然形体是指在自然环境中形成的天然形体，如天然水晶石、鹅卵石、贝类等，其特征是具有丰富的色彩和华美的纹理，如图1-50。

以上的各种视觉形态元素的运用，多数情况下是以组合的形式来表现的，它们都是有着各自的性格特点和表现形式，通过它们之间的相互作用影响着整个设计构成，使构成作品的表现力增强、形式上丰富多样。

2）形式美感的法则

形式美的最基本的准则是“多样与统一”，即在统一中求变化，在变化中求统一。具体来说，包括秩序与条理、对称与平衡、节奏与韵律、对比与调和、变形与特异等几个方面的关系处理。

形式美感的法则

① 秩序与条理

人类的逻辑思维方式决定了对于事物观察的理性和秩序。从艺术审美的角度来看，秩序和条理所表达的是一种理性美。如树木的生长过程中，由于光线的作用以及地球引力的影响，从下到上的树枝分布（图1-51）具有合理的空间秩序，树叶和叶脉排列等呈现了很严谨的条理，我们可以很容易感受它的美感。立体构成中对于造型基本元素的排列，也要建立一定的秩序关系，立体构成的秩序关系包括空间秩序、时间秩序和逻辑秩序等几种。

② 对称与平衡

对称能表现出稳重大方的感觉，其形象完美和谐，一般用于比较正式、庄重和神圣的造型。对称由于过于完美而产生呆板感，可适当增加一些细节处理或装饰性元素来增加趣味性，如图1-52。

平衡主要指一件作品的整体布局能够维持视觉上的安定平稳。就像以秤称重一样，利用杠杆原理，秤杆拎绳两边物品的重量与距离的乘积是相等的，但是物品的体积大小、比重以及离拎绳点的距离可能不同。上面介绍的对称其实是最完美的平衡形式。

③ 节奏与韵律

大自然的活动本身是具有周期和节奏的，如星球的运行周期、一年的四季变化、植物的花开花落以及人类身体的自身节奏等均是自然节奏的反映。这种节奏同样也体现在人们对于事物的审美上，人类喜欢或者说容易理解有节奏的事物，包括立体造型中的节奏的把握，如图1-53。

韵律是一种有趣味变化的秩序，或者说是节奏之上的渐变处理，它给人以优雅柔和的感觉。如果说节奏是音乐的节拍，则韵律就是音乐的旋律变化。

④ 对比与调和

对比是为了增加变化的效果，对比包括形象的大小、长短、曲直、运动方向、间距的宽窄、层次及间隔变化、疏密关系、空间效应等。调和就是在对比中找出统一的因素，使造型的各部分产生联系和呼应关系。如图1-54所示，该立体构成作品中以面材的卷曲造型为基本形（这也是作品中统一的视觉元素），运用了大小对比、方向对比、正反对比等来丰富造型的效果。

⑤ 变形与特异

变形与特异就是在秩序性很强的设计形象群中，使个别形象呈现出与众不同的异质的效果，这样在整体中将变形与特异的形象显示出来。如图1-55，特置的高大假山石是对于周边低矮假山石群的特异表达。

3）立体感知的特点

立体的感知，不同于平面形态的二维感知，要想具备敏锐的立体感知能力就要在心目中牢固树立"块""空间""重心"这三个主要概念。块是小的基本形体，它占有或限定的空间称之为立体，立体的形态还与占有空间的周边形成正负形的关系，因此"块"和"空间"是相互转换、相互依存的。"重心"是指立体给人们在视觉上和心理上的中心位置，这里的重心包括物理重心和视觉重心，但这二者有时并不一致。物理重心必须落在承受面以内，支撑面越大，重心越低越稳定。

立体构成中的抽象美感涉及量感、运动感、空间感、肌理感等一些特性感知，下面分别介绍。

立体感知的特点

① 量感

量感或称体量感，包括物理量感和心理量感。物理量感是指轻重、大小、多少等实际重量，包括体积感、容量感、重量感、范围感、数量感、界限感、力度感、生长感、整体感等。心理量感是建立在物理量感之上的力感的形体表现，也就是对于物理量感形成的心理感受，包括重量感、结实感、轻量感、空灵感以及扩张感等。物体的大小、占据的空间、秩序与方向、单一与整体、聚合与分散、生命与运动等这些问题，都与其体量有关系。如图1-56，实体的构成给人以厚重感，但是通过摆放角度的倾斜，通过局部的减法处理以及局部加法的细部装饰点缀，使得整个造型在稳重中而不失变化和灵动。

② 运动感

严格来讲，宇宙中的所有物质时刻都处在运动和变化之中，只是在人们的感觉中有的运动和变化很快，有的很慢甚至让我们难以察觉。无论物体运动是慢还是快，它们都是各种力的平衡的结果，所以运动和力的表达是一

图 1-53 永隆圣马可国际家居广场 / 南京 / 2018

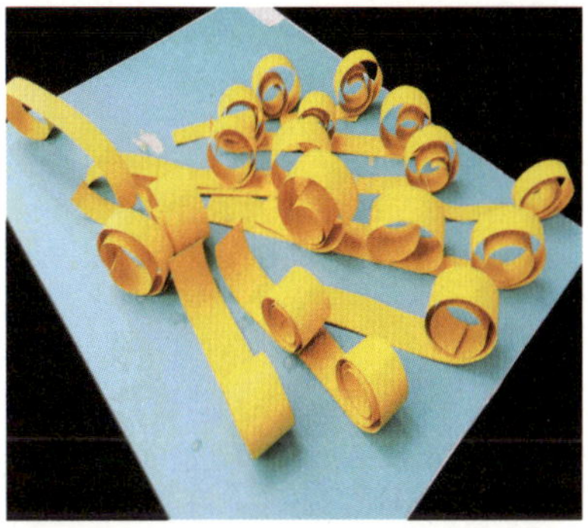

图 1-54 构成造型对比与调和的处理 / 闫薪如 / 作品"浪花" / 2013

图 1-55 特置的假山石是特异表达 / 苏州留园冠云峰 / 2005

图 1-56 实体的构成给人以稳重感 / 上海多媒体产业园 / 2010

致的。人工造物就是以“静止的”形态去表现潜在的内力变化关系，达到“以静观动”的效果，如图1-57。

③ 空间感

空间感的本质是实体向周围的扩张，也就是创造一种不可视而可以感知的“心理知觉场”。

空间包括实空间、虚空间和心理空间三个方面。实空间是实体本身占有的长、宽、高的具体尺寸。虚空间是指被实体分隔后形成的虚空部分（包括有顶的内部空间和无顶的外部空间）。心理空间，是指实空间或虚空间所构成一个视觉心理范围，又称为心理知觉场，一般高大的物体知觉场范围大，矮小的物体知觉场范围小。实空间和虚空间又称物理空间，它们之间是一种正形和负形的关系，它们之间是以空间界面（实体和虚空之间的交界处称为界面）为转化的。在设计中，物理空间的营造是为了解决基本的使用功能，而心理空间的营造是为了满足人们的特定心理感受。

空间感涉及空间尺度感（空间中物体的相对大小关系）、空间进深感（空间的层次）、空间流动感（多个相连空间的连贯关系）、空间错视感（利用视错觉产生的特殊效果）等方面，如图1-58、图1-59所示。

图 1-57 构成造型中“以静观动”/马群 / 编者指导 /2013

④ 肌理感

俗话说：远看色彩，近看质感，各种立体造型的材料表现离不开色彩和质感。材料表面的软硬、干湿、冷热、光滑与粗糙等为触觉优先肌理，华丽与朴素、轻快与厚重、冰冷与温暖等为视觉优先肌理。当造型丰富时，色彩和肌理要简洁，而当造型简洁时，色彩和肌理要丰富。

造型中肌理表现，有天然属性的本质肌理，也有人为加工的人工肌理，我们可以运用强化肌理、转化肌理以及对比肌理三种不同的表现方式进行肌理表现。强化肌理是充分发挥天然材料本质美的表现，体现材质的软硬、粗细、光糙的不同特点，并以人为加工去适当放大肌理效果，如图1-60所示将花岗石的自然肌理强化后形成的“荔枝面”板材。转化肌理就是改变原来材质的肌理特点，人工地重新处理，如使硬的肌理材质“柔化”，可以在视觉上产生新的刺激，如图1-61所示将硬质石材的肌理通过弧线面的加工形成面包般的细腻质感。对比肌理可以使造型材料本身表现出双重的丰富性，如将光滑感觉的肌理和粗糙感觉的肌理并置在一起，达到对比和强调的效果。

图 1-58 构成造型中的空间感的营造 / 闫薪如 / 编者指导 / 2013

图 1-59 “庭院深深”的空间进深感 / 2010 上海世博会宁波馆

图 1-60 天然肌理强化的“荔枝面”

图 1-61 石材表面打磨抛光处理产生的细腻感 / 苏州中新街小品 / 2005

第二章

创意篇
——从形式基础到构成创意

第一节　形式基础训练

1. 训练项目一：线材仿生构成
2. 训练项目二：面材仿生构成
3. 训练项目三：块材几何构成

第二节　构成创意训练

1. 训练项目一：空间创意构成
2. 训练项目二：经典演绎构成
3. 训练项目三：主题创意构成

课程简介

【课程性质】

艺术设计类专业，专业基础课。

【课程目的】

① 通过本课程的学习，使学生掌握立体形态创意的相关知识、表达能力，并提升学生的设计素养。通过训练，可以使得学生在观察和创作中培养良好的美感把握能力，尤其是设计的抽象思维能力以及空间思维能力可以大幅提升。

② 在专业技能方面，掌握观察立体、把握立体、创造立体、营造空间的方法，学会把握立体形态造型中形式美法则的应用，掌握立体构成中材料的特点与加工技术，掌握空间构成的分析能力，掌握抽象形态元素以及文化元素的主题性创作技巧。通过各个项目的训练，最终达到会构思、会表现、会加工制作的能力要求，作品呈现能较好地体现创作意图。

③ 在职业素养方面，将专业素质培养贯穿于课程教学全过程，使学生在创新意识、团队协作、交流表达、创意构思、自主学习、分析和解决问题等各方面的素质能够得到提高。

④ 突出学生创意能力培养，强化学生动手能力训练，促进创新精神培养。

【课程定位】

本课程教学定位于对三维范围内的形态要素（体积、空间、材质）的基本概念、构成规律、形式法则等基础理论的学习，同时注重与此相关的抽象形式美感以及创造性思维能力的培养，从感性和理性两方面去灵活有效地把握具有审美价值的视觉形式和效果。因此，本课程教学应该侧重环境空间背景下的形象塑造能力的培养、抽象形式美感（量感、空间感、材质感等）和设计思维能力的训练。

【课程内容】

本教材的第一章是概述部分，第三章是赏析部分，主要训练内容安排在第二章。第二章内容包括形式基础训练和构成创意训练两个大的模块，每个模块有三个训练项目，总共六个训练项目。六个训练项目的顺序是先易后难，从线材、面材对自然形式的实体模仿到块材抽象几何形体的实体制作，逐步过渡到空间创意构成，再到经典作品的演绎创作，最后是主题创意构成的创作训练。结合六个训练项目过程，将有关的知识点介绍以及技能训练进行合理分解并嵌入各个训练项目中。

第一节　形式基础训练

形式基础训练模块包括三个训练项目，分别为：①线材仿生构成，如图2-1；②面材仿生构成，如图2-2；③块材几何构成，如图2-3。

形式基础训练的学习目标为以下五个方面。

① 通过对自然物象的观察模仿，学会寻找以抽象的形式表达美感规律，了解仿生设计的基本知识。

② 学会各种常见材料的简易加工制作方法和技巧，并能以其表达抽象的审美形态，培养抽象的审美情趣。

③ 培养对实体的量感概念，学会实体的加法和减法的形态组合，培养立体构图的能力。

④ 学会钢笔画的基本手绘技法，锻炼概括能力和快速表达能力，为后面的设计训练课程奠定一定的表现基础。

⑤ 学会立体形态的图示方法，掌握基本视图原理以及三向视图的基本表达，为后面的设计制图课程提供铺垫。

图 2-1　线材仿生构成“绽放”/ 戴蕊 / 2013

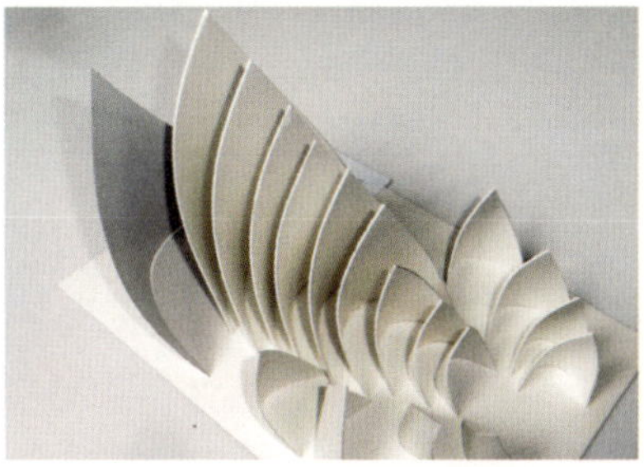
图 2-2　面材仿生构成“春笋”/ 倪悦 / 2012

图 2-3　块材几何构成“伸展”/ 黄晨 / 2003

图 2-4　冬态树显示其枝干的分布规律

图 2-5　蕨类植物呈现的线条美 / 2019

图 2-6　贝壳优美的造型以及曲线特征 / 2008

图 2-7　带有线性特征的菊花花型 / 2017

各个专业在讲授这三个训练项目时可以根据专业特点，在教学要求上适当有所侧重。

① 平面设计与包装设计类专业方向可适当强化面材构成训练，适当弱化块材构成训练。

② 形象设计专业方向与服装设计专业方向可适当弱化块材构成训练。

③ 雕塑设计、产品设计类专业方向则可适当强化块材构成训练。

1. 训练项目一：线材仿生构成

立体构成中所谓的“线”是指具有长度特征的材料实体，通常称这种材料为线型材料，简称线材。用线材加工所构成的立体形态成为线立体，按照仿生思维方法加工成的线立体作品，称为线材仿生构成。

线材仿生构成任务及案例　　线材仿生构成制作演示

1）作业要求

① 作业内容

通过对某种自然物象的仔细观察，抽象出其形状特征中线元素的分布规律，并以适当的线性材料经过一定的加工手段，通过归纳、变形、夸张等艺术手法加工成具有抽象形式美感的构成作品。

② 进行步骤

第一步，寻找参照物。

每个同学挑选一定数量（要求十件以上）的具有美感的自然物象图片或自然实物素材，要求寻找的图片或实物素材具有明显的线性特征，如图2-4至图2-7。

第二步，绘制白描线稿。

从上述图片或实物素材中，选三件最漂亮的作为研究对象，以白描的手法将其主要的线性特征记录下来，注意线条的分布规律和空间穿插关系，最后形成A4大小的白描线稿数张，如图2-8至图2-11。

第三步，加工处理线稿。

在原始线稿的基础上，以线处理的手法进一步对原素材的特征规律进行简化、概括，为了美观需要也可以在原来形态特征的基础上适当的夸张、变形甚至扭曲，形成A4大小的简化线稿或变形线稿，如图2-12至图2-15。

第四步，加工立体单元。

利用课前准备的线性特征的材料（如牙签、方便筷、铁丝、毛线、塑料吸管等），选择简化线稿或变形线稿中线性分布最美的而且最适合材料加工的一张，进行立体的加工试制作，制作过程中可以根据美感需要不断地调整，直至形成较为理想的立体效果，这样的结果便形成了一个“立体单元”。

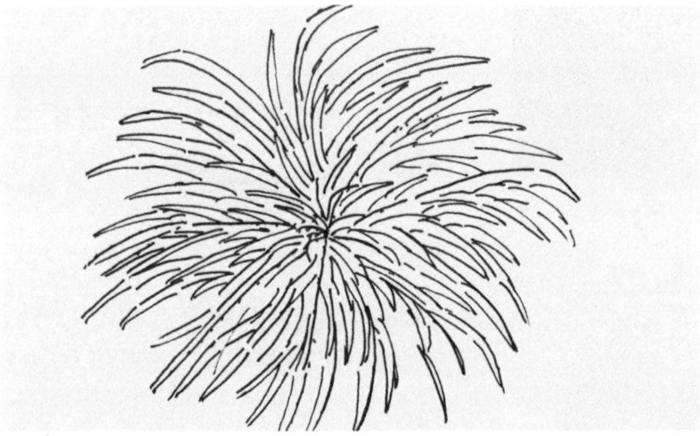
图 2-8　原始线稿 1 / 王宇宁 / 编者指导 / 2013

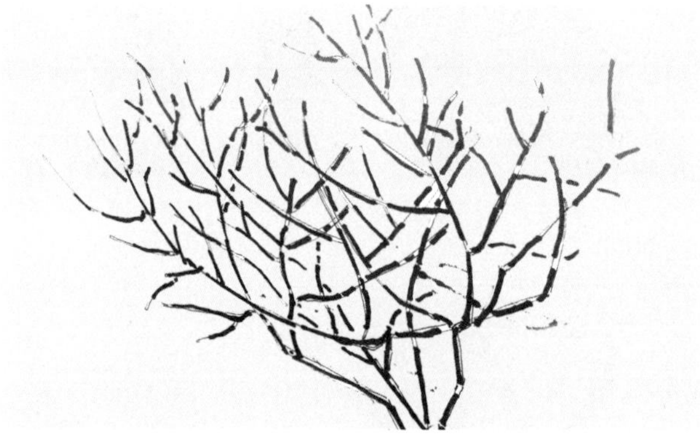
图 2-9　原始线稿 2 / 王宇宁 / 编者指导 / 2013

图 2-10　原始线稿 3 / 陈德鹏 / 编者指导 / 2014

图 2-11　原始线稿 4 / 卢柯瑜 / 编者指导 / 2015

图 2-12　简化线稿 / 陈德鹏 / 编者指导 / 2014

图 2-13　变形线稿 / 陈德鹏 / 编者指导 / 2014

图 2-14　简化线稿 / 卢柯瑜 / 编者指导 / 2015

图 2-15　变形线稿 / 卢柯瑜 / 编者指导 / 2015

第五步，整体构成制作。

用同一种线材对第四步中完成的仿生立体单元进行复制（可以放大、缩小、重复复制），形成多个立体单元。然后，根据作品大小将基座材料（如苯板、雪弗板、KT板等）适当裁切，再将做好的立体单元固定在基座上，固定时注意不同角度的视觉效果。最后，裁切大小为3厘米×7厘米的长方形小纸条，在纸条上写好作品名称、作者班级、姓名、学号、制作完成日期以及指导老师姓名，并将纸条粘贴在作品底座下角，插图2-16至图2-20。

图 2-16　课程作品“吉祥三宝”/ 陈昌胜 / 编者指导 / 2012

③ 建议课时

10课时

④ 相关提示

老师在第一章结束时要通知学生准备材料（条件允许时，提前一周上半小时预备课），多搜集或购买多种线型材料，以便在立体的制作阶段可以根据实际需要有选择材料的余地。同时，相关的加工工具也应事先准备好。

图 2-17　课程作品“绽放”/ 戴蕊 / 编者指导 / 2013

⑤ 评分标准

第一，自然物象形态特征提取富有个性和特色，线稿简洁美观，占30%。

第二，作品具有抽象形式美感和想象力，占35%。

第三，作品加工制作精巧，占35%。

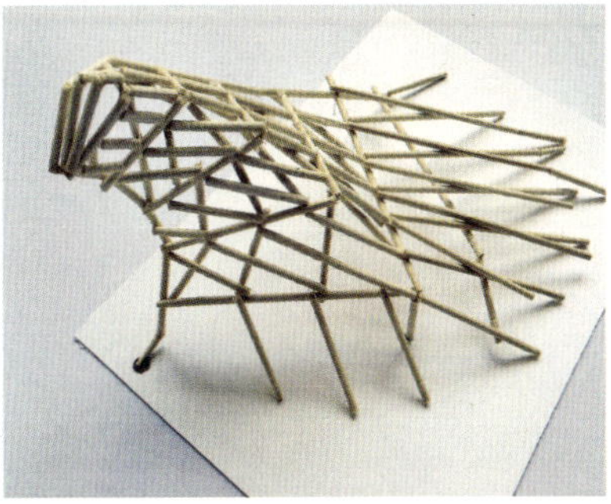

图 2-18　课程作品“凤凰传奇”/ 陈颖 / 编者指导 / 2012

图 2-19　课程作品“天使的翅膀”/ 龚雨 / 编者指导 / 2012

图 2-20　课程作品“旋转的菊花”/ 袁丹丹 / 编者指导 / 2012

2）案例参考

① 线材仿生构成案例一：“舞动”

该作品抓住孔雀开屏的整体动态特征，用彩色吸管加工成回形针状作为基本形，将基本形仿孔雀的动态进行重复、旋转、堆叠的排列而成为作品造型。该作品表达了以静观动的抽象形式审美趣味，给人以想象的空间。如图2-21至图2-23。

图 2-21 至图 2-23　学生课程作品 “舞动”/ 施威 / 编者指导 / 2014

② 线材仿生构成案例二：“盘丝七妖”

该作品抓住蜘蛛的体态特征，用卡纸裁切成带状，并折弯加工成模拟蜘蛛抽象形态的折线作为基本形，基本形重复排列成七组，注意其大小、色彩和方向等变化，并以家喻户晓的西游记中盘丝洞的故事来命名作品。该作品既表达了抽象形式美感又具有文学趣味，体现了既“好看又好玩”的艺术设计创意理念。如图2-24至图2-26。

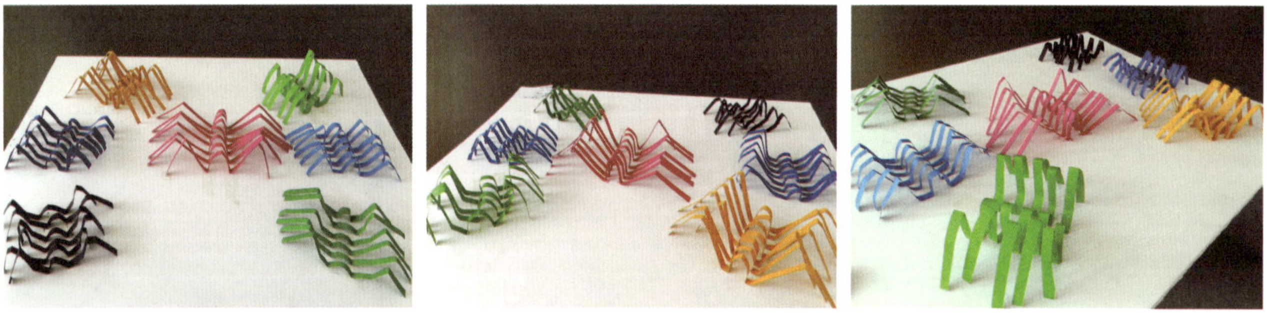

图 2-24 至图 2-26　学生课程作品“盘丝七妖”/ 王刚 / 编者指导 / 2014

③ 线材仿生设计与构成，如图2-27至图2-56。

线材仿生构成作品案例

线材仿生构成赏析视频

图 2-27　学生课程作品“鱼”/ 金婷 / 张学凯指导 / 2014

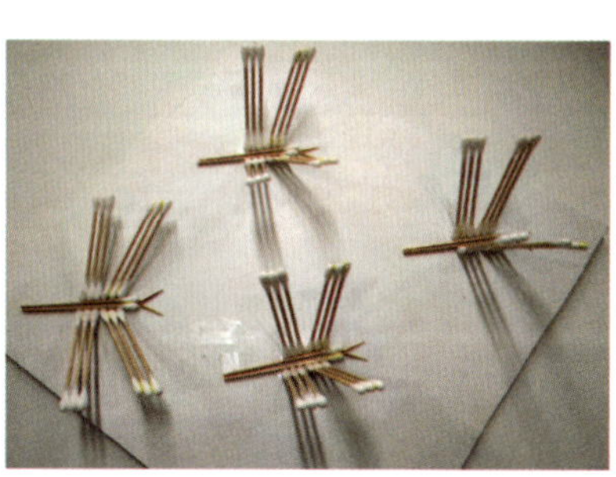

图 2-28　学生课程作品“蜻蜓”/ 顾静 / 金钰指导 /2018

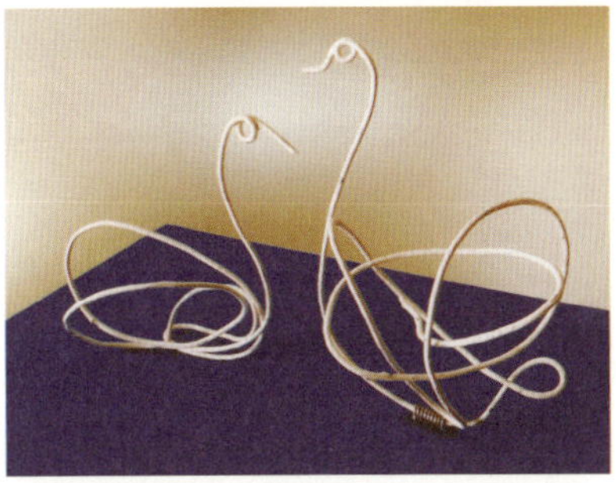

图 2-29 学生课程作品“鸳鸯”/卢柯瑜/编者指导/2014

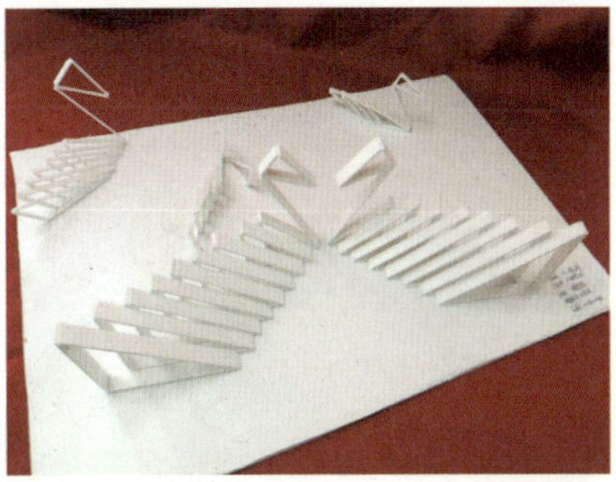

图 2-30 学生课程作品“天鹅湖”/储思恩/编者指导/2015

图 2-31 学生课程作品“展翅欲飞”/沈媛/郑小伟指导/2015

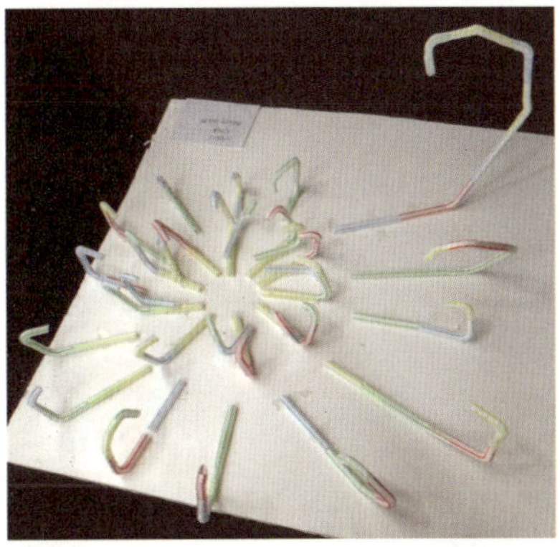

图 2-32 学生课程作品“蝎子”/周福康/张学凯指导/2014

图 2-33 学生课程作品“满城尽戴紫金甲”/陈德鹏/编者指导/2014

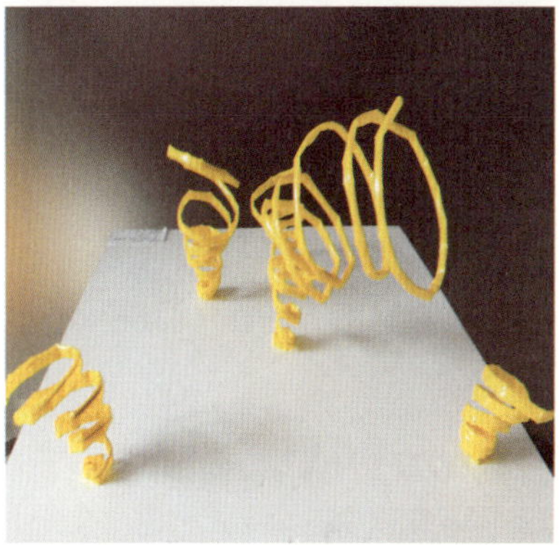

图 2-34 学生课程作品“龙卷风”/张赛男/编者指导/2014

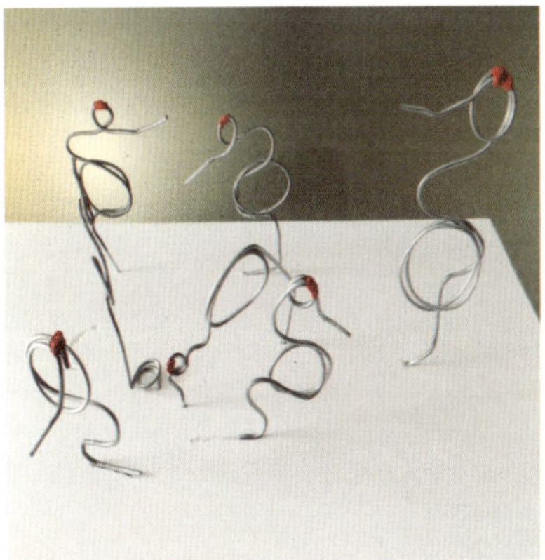

图 2-35 学生课程作品“丹顶鹤”/朱津娴/编者指导/2014

图 2-36 学生课程作品“蚂蚱”/石宁/张学凯指导/2014

图 2-37 学生课程作品计“老鹰”/计婧/张学凯指导/2014

图 2-38 学生课程作品“涌泉”/程庆/编者指导/2015

图 2-39 学生课程作品“西瓜”/郑素素/编者指导/2015

图 2-40 学生课程作品“斗牛”/林辉程 /编者指导/2014

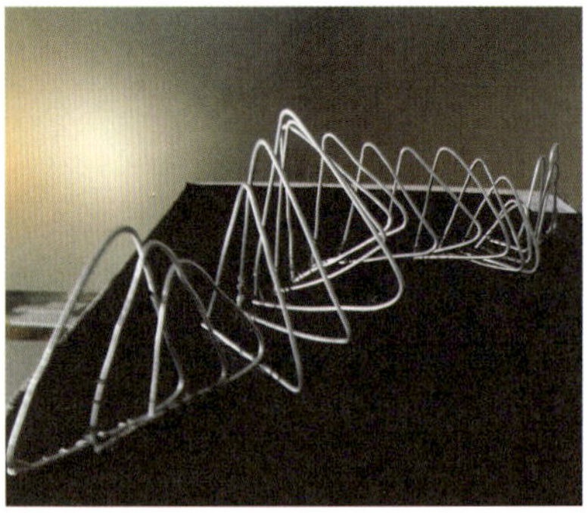
图 2-41 学生课程作品“游鱼”/ 陈柏名 / 张学凯指导 /2014

图 2-42 学生课程作品“翱翔”/ 张晴 / 编者指导 /2014

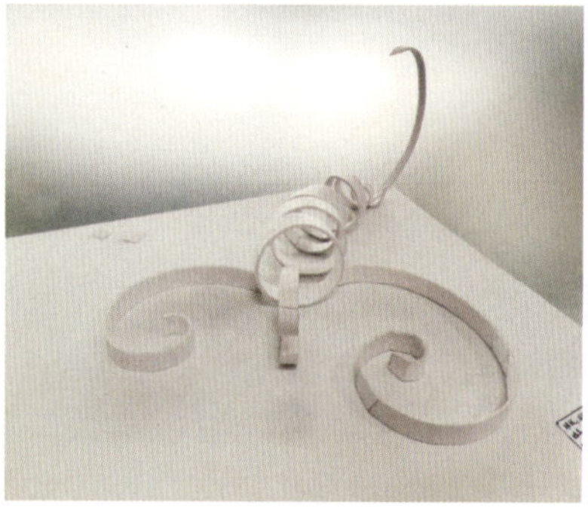
图 2-43 学生课程作品“蝎子”/ 赵紫彪 / 郑小伟指导 /2015

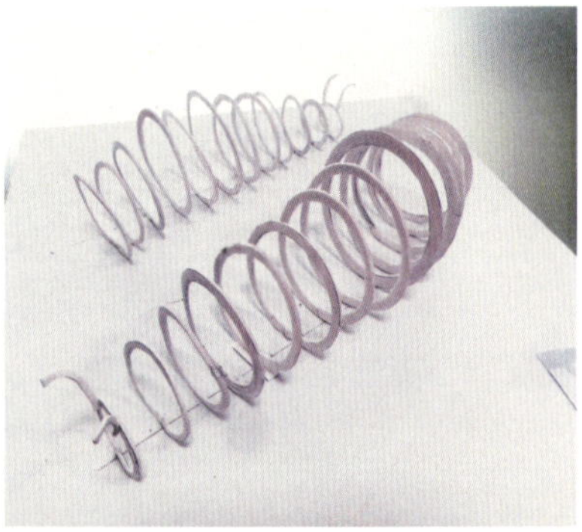
图 2-44 学生课程作品“蚕宝宝”/ 陈巧巧 / 郑小伟指导 /2015

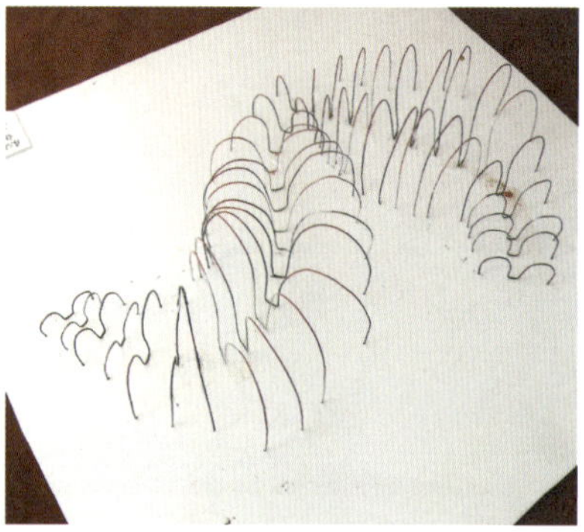
图 2-45 学生课程作品“蜈蚣”/ 朱威 / 张学凯指导 /2014

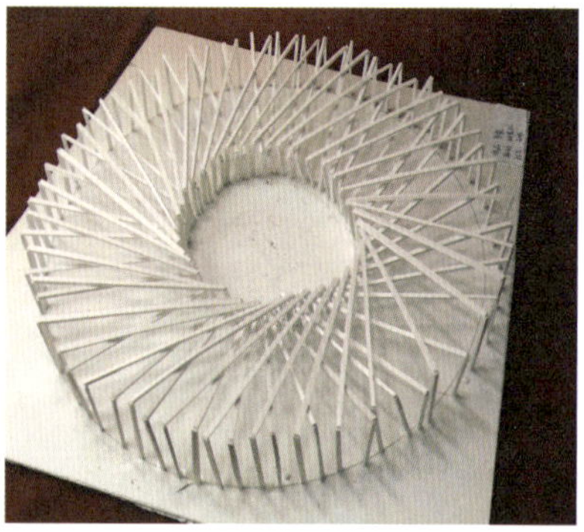
图 2-46 学生课程作品“鸟巢”/ 王冰 / 编者指导 /2014

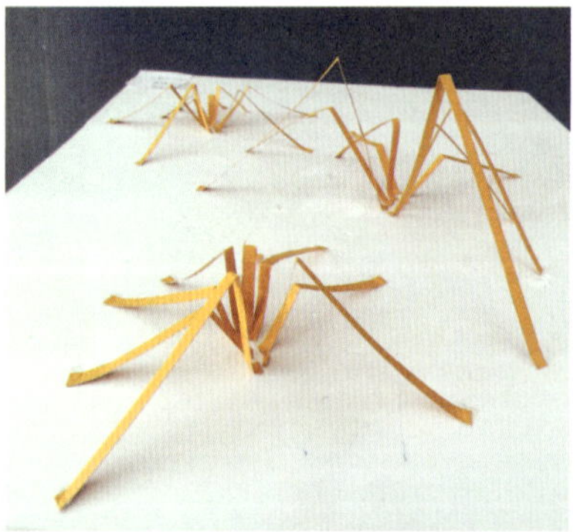
图 2-47 学生课程作品 “蜘蛛”/ 韦佩 / 编者指导 /2014

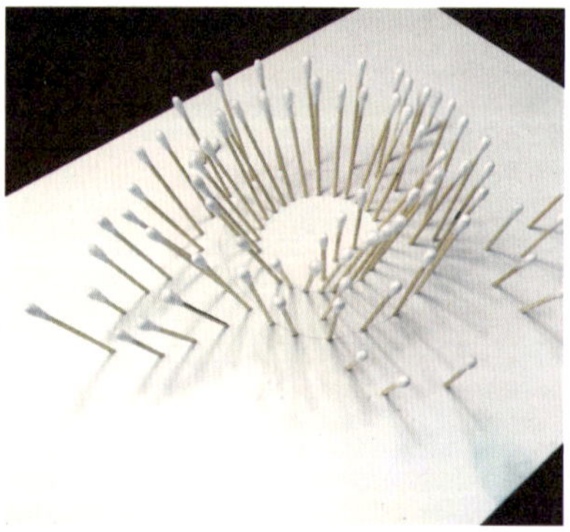
图 2-48 学生课程作品“绽放”/ 陆凌贤 / 编者指导 / 2013

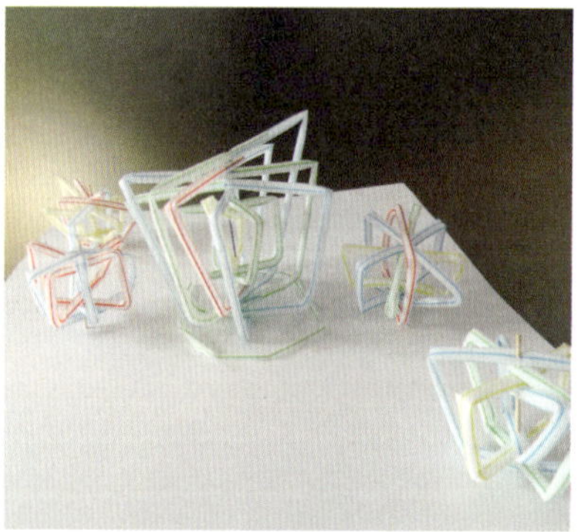
图 2-49 学生课程作品“绽放”/ 钟圳斌 / 张学凯指导 /2014

图 2-50 学生课程作品“孔雀”/ 闵潇 / 编者指导 /2015

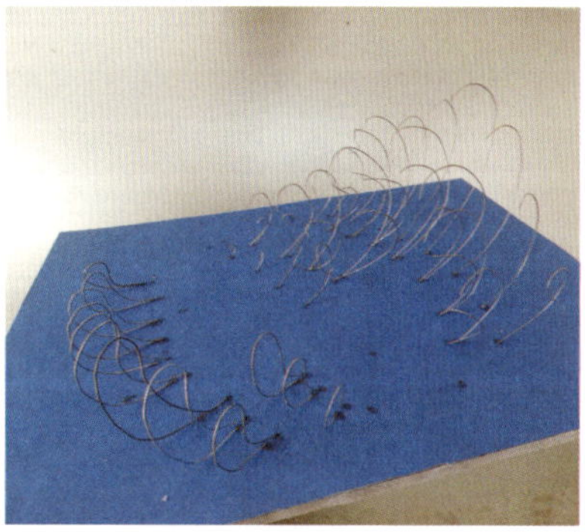
图 2-51 学生课程作品“海洋之花”/ 唐小淋 / 编者指导 /2015

图 2-52 学生课程作品“憩鸟”/ 唐净娣 / 张学凯指导 /2014

图 2-53　红蜻蜓鞋文化博物馆仿树干 / 2016

图 2-54　中山职业技术学院“翔”雕塑 / 2016

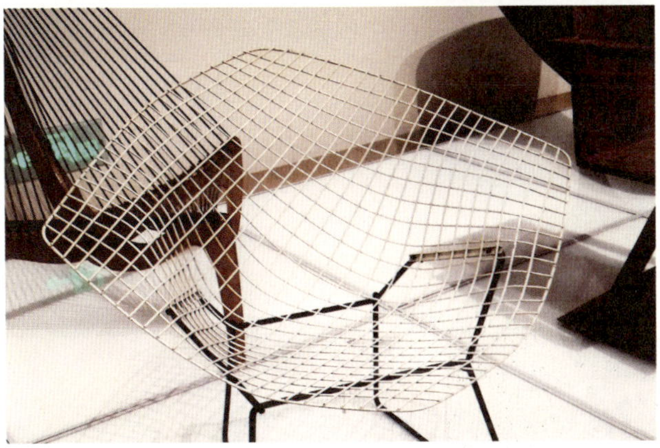

图 2-55　小版“钻石椅”（模仿钻石天然结晶形态）/ 金钰拍摄于中国美院中国国际设计博物馆 / 2019

图 2-56　第八届中国花博会 装置艺术（模仿花朵）/ 2013

3）相关知识

① 关于仿生设计思维

人类的思维方式可以分为感性思维和理性思维两大类。设计思维过程是一个有目的的过程，这个过程是由感性思维和理性思维的共同参与来完成的。理性思维给设计创作以前后的逻辑顺序即设计的时间属性，感性思维给设计创作以形象及场所的视觉表现即设计的空间属性，设计思维同时具有空间和时间的双重属性。

仿生设计思维

人类早期的设计思维主要是受自然的启发，以模仿自然为主，如人类模仿飞鸟制成了飞机、模仿游鱼发明了潜水艇、模仿动物的鳞甲做成可以自然排水的屋顶瓦楞。可以说，模仿自然（仿生）是人类设计思维最早的，同时也

图 2-57　上海迪士尼明日世界的建筑外观造型（摹仿贝壳）/ 2018

一直是非常重要的一种形式。因为人类的生活离不开自然，人类要改善生活环境也必然要遵循自然规律。设计思维不仅要模仿自然的形态（人类早期的设计思维以模仿自然形态为主，即“形态仿生”），更要模仿自然的原理（包括“结构仿生”和“功能仿生”）。自然的原理也就是生态的原理，模仿自然原理是一种更高层次的设计思维仿生。

形态仿生从其再现事物的逼真程度和表现形式来看，可分为具象形态仿生和抽象形态仿生。具象形态仿生能够比较逼真的再现事物的外部形态特征或动作表情，一般具有趣味性或实用性，是人类进行形态仿生的初级过程，同时也是主要的仿生方式，以“形似”为主。图2-57所示，为上海迪士尼明日世界的建筑外观造型，该造型模仿贝壳外观，为具象形态仿生。抽象形态仿生是以抽象几何形体来模拟物象的原理和独特本质特征，需要通过自己的主观理解并抓住物象的特定神韵来表达，故以“神似”为主，抽象形态仿生具有表现性和创新性。图2-58所示，为万泽玛丽蒂姆酒店大厦，该建筑外观模拟水波纹的曲线造型，富有动感和韵律效果，为抽象形态仿生。

抽象形态仿生对于我们的设计思维训练更有意义，一是通过抽象的仿生训练可以提升我们对形的简化和概括能力，二是培养把握生命运动自然变化规律的能力，三是培养想象能力和空间思维能力。对于抽象形态仿生的变幻思维训练，可以催生形态设计的创造性和亲和力。图2-59至图2-61，分别是模仿树冠、花朵以及波浪而产生的设计造型。

立体形态的仿生设计

图 2-58　常州万泽玛丽蒂姆酒店大厦外观 / 金钰拍摄 / 2018

图 2-59　镇江吾悦广场装置艺术 / 2010

图 2-60　金华职业技术学院雕塑 / 2014

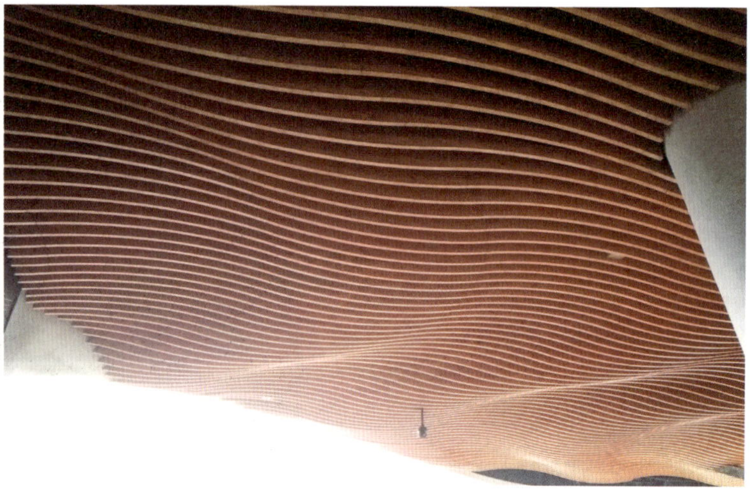

图 2-61　常州环太湖艺术城天花波浪造型 / 2017

※※※仿生设计的小作业

根据教师提供的参考书目或网站，查阅相关资料，完成一份认识报告，手工誊写在A3大小的纸张上。要求仿生相关的文字不少于500字，手绘仿生设计作品不低于3幅，注意版面编排效果。在版面的醒目位置上标出“仿生设计认识报告”，在版面的右下角标明作者姓名、班级、学号、指导老师以及制作日期。

② 线材种类和加工

制作材料的分类。在实物材料的形态分类上，可以基本分为线材、面材（稍厚的面材又称为板材）以及块材（具有相当的厚度与体量特征）。

线材的概念。所谓线材是以长度为主要特征的型材，分为软质线材和硬质线材两大类。常见的软质线材主要有：棉线、毛线、丝线、麻线、绒线、化纤线、绳索、软细管、细纸带、包扎丝带、细链条、细藤条、竹篾丝、细弹簧、橡皮筋、网线、电话线等柔韧性很强的材料，也包括铁丝、铜丝、铅丝等微细金属线材。常见的硬质线材主要有：细木条、火柴棒、筷子、牙签、塑料吸管、铅笔、香烟、铁钉、大头针、药棉签、粗金属线、金属细管等具有一定刚性的材料，也包括由KT板、雪弗板、有机板等板材裁切成的细长条。

线材的种类与加工

图 2-62　单根铜管造型 / 朱鹏程 / 编者指导 / 2003

线材的加工。材料的加工包括材料分解、表面处理以及材料连接三个方面。材料分解主要通过裁、剪、切、折、锯等方法将材料加工成所需要的长短和粗细度，表面处理主要是通过弯、压、刮、刻、打磨、镶嵌等处理将材料加工成所需要的表面形态和质地，材料连接主要是通过绑扎、缠绕、粘胶、搭接、穿插等方法形成节点将材料固定成所设想的立体形态。

加工的工具。简易加工工具包括各类胶水、双面胶、乳胶、美工刀、剪刀、勾刀、钢尺、钢卷尺、小钢锯、锉刀、砂纸、尖锥钳、老虎钳、螺丝起子、雕刻刀、喷漆等；精细加工的工具，包括各类模型制作工具如烘箱、电动线锯、钻床、砂轮机、小型冲击钻、台虎钳以及泥塑工具等。

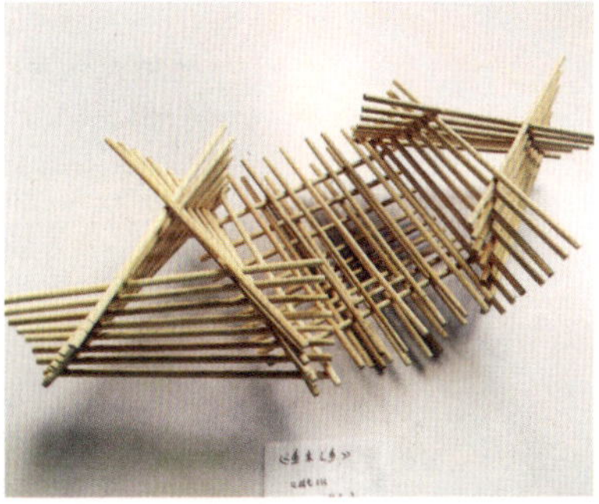

图 2-63　牙签造型“鱼米之乡”/ 杨亦佳 / 编者指导 / 2012

③ 线材构成的特性

由于线材的视觉体量较小，其本身占据空间的显示度较弱，因此线材构成的显示特性主要靠群体聚集效应来体现。线材构成的特性具体表现在以下四个方面。

线材构成特性与方式

一是通过线的长短渐变、位置变渐、角度渐变、方向渐变以及疏密排列变化等可以形成具有节奏或韵律感的立体造型，如图2-62、图2-63。

二是通过线的无间隙平行密排组合形成的各种组合面，再以组合面来分隔或围合形成空间的立体效果，这也可以认为是一种特殊的面构成立体，如图2-64、图2-65。

三是通过线的有间隙的平行排列表现出的“虚面”效果，再利用“虚面”加以组合富有层次感的立体造型，从而转化为立体形态，如图2-66至图2-68。

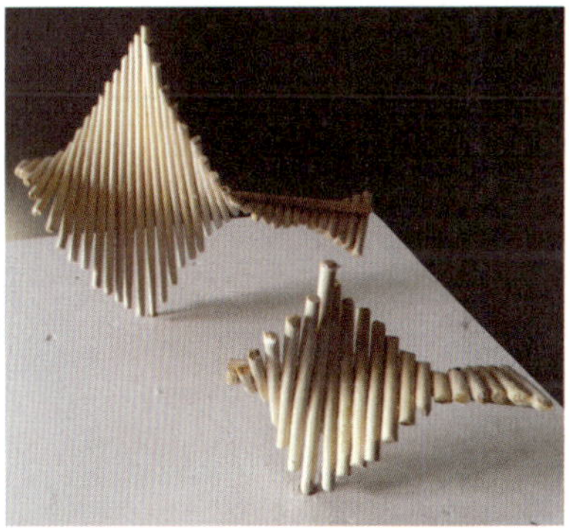

图 2-64　“游鱼”以线材密排成型 / 金婷 / 张学凯指导 / 2014

图 2-65　线材密排 / 户外广告牌 / 江苏句容 / 2013

图 2-66　线材“虚面”造型 / 2008 北京奥林匹克公园

图 2-67　线材间隙排成“虚面”/ 江苏常州 / 2013

图 2-68　特殊线材墙饰 / 上海东方艺术中心壁饰

图 2-69　网面屋顶 / 英国伦敦大英博物馆 / 2012

图 2-70　平行线材组成的网面效果 / 上海世博会 / 2010

图 2-71　“鸟巢”/ 2008 北京奥运会主场馆 建筑

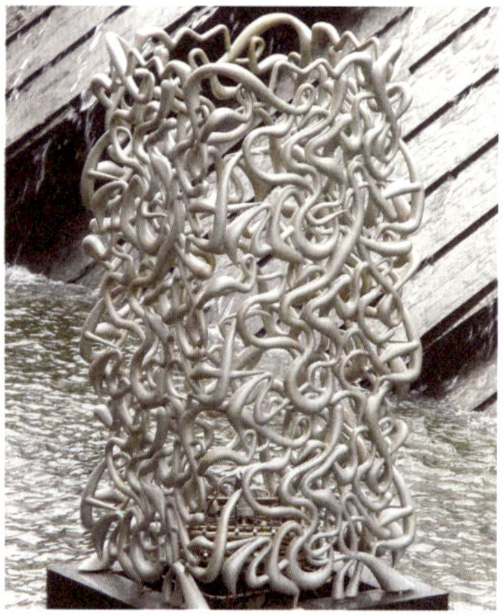

图 2-72　“乱中有序”/ 2010 上海世博会雕塑

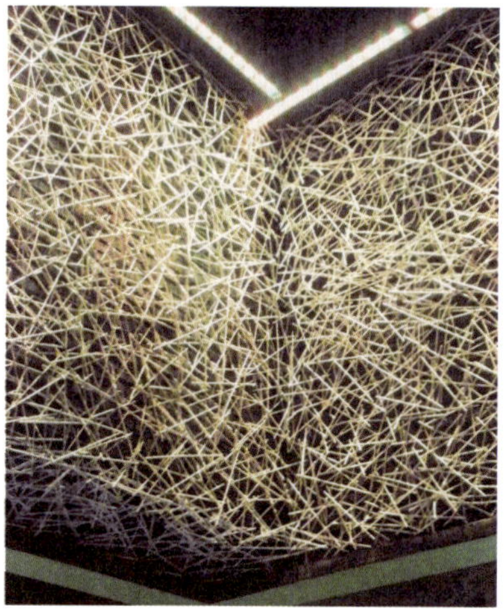

图 2-73　“乱线”造型 / 2010 上海世博会中国馆

四是由两个以上不同角度的平行线组形成“网面”效果，再以“网面”构成立体造型，如图2-69、图2-70。如果在“网面”构成的基础上进一步增加方向变化，变化的极致即是“乱线”效果，它是在更大的框架规范下呈现一种“乱中有序”的整体美，如图2-71至图2-73。

④ 线材构成的方式

各种线材构成的立体变化很多，立体构成中线的语言是非常丰富的，线材构成设计要考虑所选线材的特性，所选线材要符合构思图的表达需要，所采用的连接方式要固定牢靠以保证造型本身的重量支撑和稳定。其中，硬质线材构成大致分为连贯构成、垒积构成、框架构成、网架构成、线层构成五种表现形式，软质线材构成大致分为拉伸构成、自坠构成、编织构成、网面构成以及缠绕构成等五种表现形式。

线材连贯构成是指利用较长的硬质线材，依靠其自身的强度支撑整个造型，以弯、折、绕、扭等方法加工成的具有一定形式美感的立体造型，图2-74至图2-81所示为上海世博会丹麦馆的长椅设计，富有趣味和变化。单根线材的造型，要注意线的开始、结束、方向变化、粗细变化、疏密变化和抑扬顿挫的韵律感，如图2-62、图2-83、图2-85。

图 2-74 “线”之开始 / 2010 上海世博会丹麦馆

图 2-75 “线”之水平弯曲 / 2010 上海世博会丹麦馆

线材垒积构成是指将多根硬质线材依照一定排列的规律，彼此搭接形成的上下左右排列有序的多层次的立体造型。垒积构成是靠重力和接触面的摩擦力来维持形体，要注意材料间摩擦力的大小和重心的位置，各个构件相的倾斜角不要大，否则就会引起滑动而成为不稳定结构，如图2-86、图2-87。

线材框架构成是将多根硬质的线材固定成一组，形成新的构造单元，各构造单元再通过方向的发展和延伸形成的整体造型。根据具体构造单元造型的不同，还可以分为平面框架，立体框架和连续框架，如图2-88至图2-90。

线材网架构成，可以认为是一种特殊的框架构成，是将多根线材通过一个个的着力点（节点）连接成一个整体的网状构架。网架是大空间建筑常运用到的结构，它用细长材料构成，既减轻了实际重量，又可以产生较大空间。要注意考虑线材的粗细程度与受力关系，为了增加稳定性，最好把材料结合成三角形，如图2-82、图2-90、图2-91。

线层构成，是以线材的排列为基础的。 线材排列的要点是：强调重复、渐变，要避免机械呆板的重复，使线的两端沿不在同一平面上的两条线运动，运动轨迹就形成了线层构成，如图2-92、图2-93。

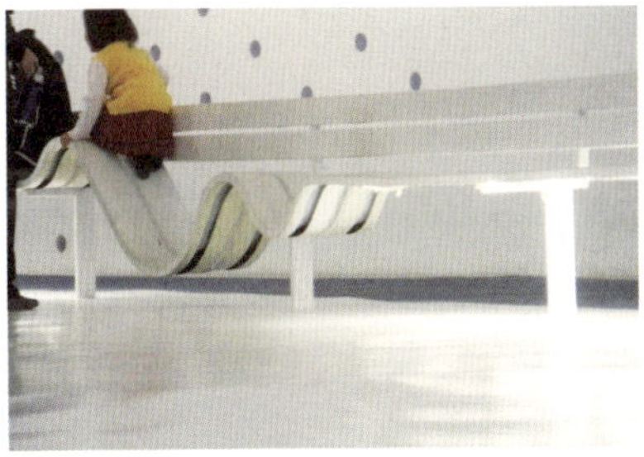
图 2-76 “线”之竖直弯曲 / 2010 上海世博会丹麦馆

图 2-77 “线”之回旋 / 2010 上海世博会丹麦馆

图 2-78 “线”之停顿 / 2010 上海世博会丹麦馆

图 2-79 “线”之断开 / 2010 上海世博会丹麦馆

图 2-80 “线”之扭曲 / 2010 上海世博会丹麦馆

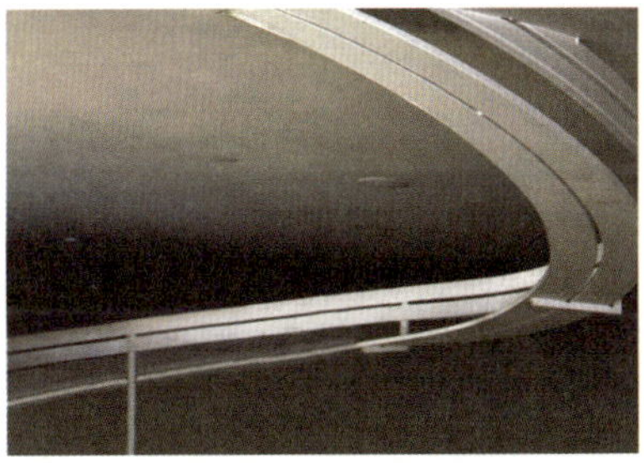
图 2-81 “线”之结尾 / 2010 上海世博会丹麦馆

图 2-82　巴黎卢浮宫

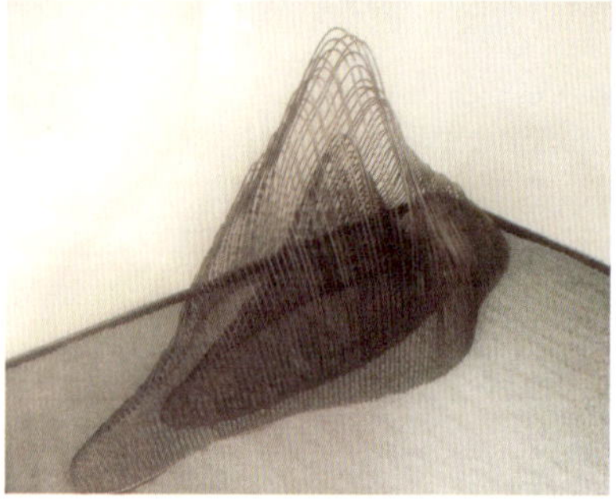

图 2-83　山体形状的装饰品 / 2018

图 2-84　第一届世界设计大会仿树林造型 / 台北 / 2011

图 2-85　江苏常州九洲新世界广场雕塑 / 2016

图 2-86　木条的堆积造型成为垒积构成 / 编者拍摄 / 2016

图 2-87　2010 上海世博会中国馆造型

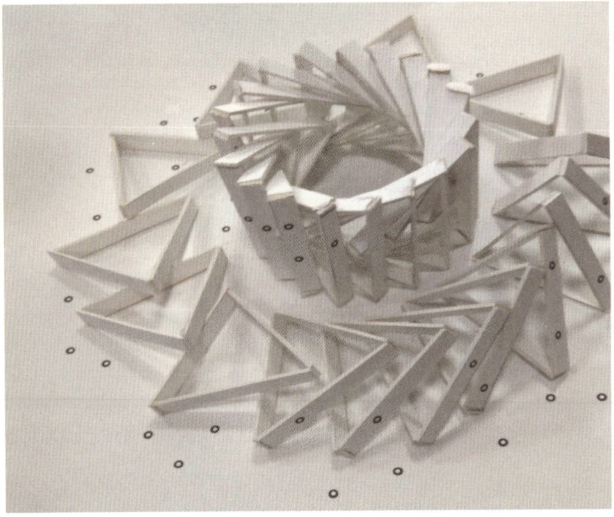

图 2-88 学生课程作品“旋转”为三角形的框架构成造型 / 陈顺青 / 编者指导 / 2015

图 2-89 正方形形框架造型的装置艺术品 / 中国第八届花博会 / 江苏常州 / 2014

图 2-90 常州吾悦广场 / 2019

图 2-91 镇江火车站站台顶棚网架造型 / 2010

图 2-92 以线层加工成装饰工艺品 / 2018

图 2-93 2008 北京奥林匹克公园网面雕塑

图 2-94　斜拉桥造型 / 苏通长江大桥

软质线材的拉伸构成，是指通过线材在两端受力的情况下形成的各种造型，如现代桥梁的大跨度结构就有赖于斜拉、悬索、拉索等既合符力学又符合美学需要的造型，如图2-94、图2-95。

软质线材的自坠构成，是指在固定端部后再利用线材自身重量的下坠所产生的造型，如图2-96至图2-98。

软质线材的编织构成，是指采用各种编或织的手法成型的各种立体，如图2-99、图2-100。

软质线材的网面构成，是指先将软质线材加工形成平行状、放射状或网状的组线，再利用各种手法将这些组线加工成立体，这里构成也可认为是一种特殊的面材构成，如图2-101至图2-107。

软质线材的缠绕构成，是指先将软质线材以缠绕的式加工成单体造型，或者将单体造型组合，如图2-108、图2-109。

图 2-95　拉索桥造型 / 宁波琴桥

图 2-96　常州张太雷纪念馆 / 2019

图 2-97　自坠造型 1 / 酒店内饰

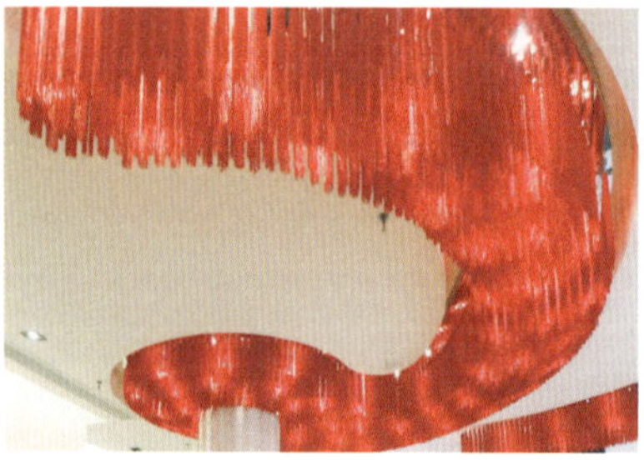

图 2-98　自坠造型 2 / 酒店内饰

图 2-99　木皮编织“五谷丰灯”造型 / 覃大力

图 2-100　毕业设计作品“暮”/ 许愿 / 冯宇指导 / 2018

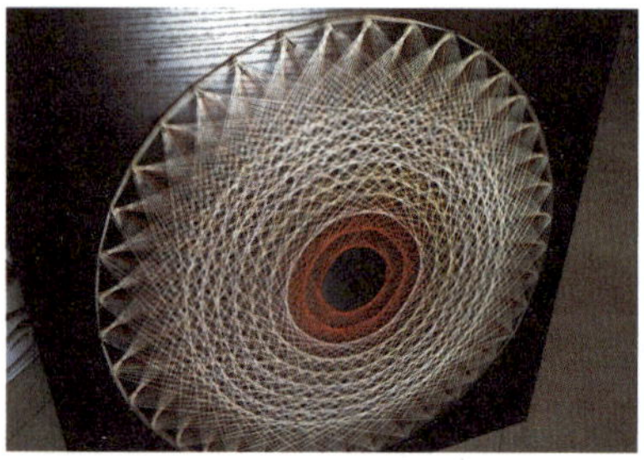

图 2-101　线排列虚面穿插成型 1 / 陈雪 / 尹彦文指导 / 2019

图 2-102　线排列虚面穿插成型 2 / 陈雪 / 尹彦文指导 / 2019

图 2-103　油纸扇五色丝线“伞斗满穿”

图 2-104　网面构成装饰 1 / 第一届世界设计大会 / 台北

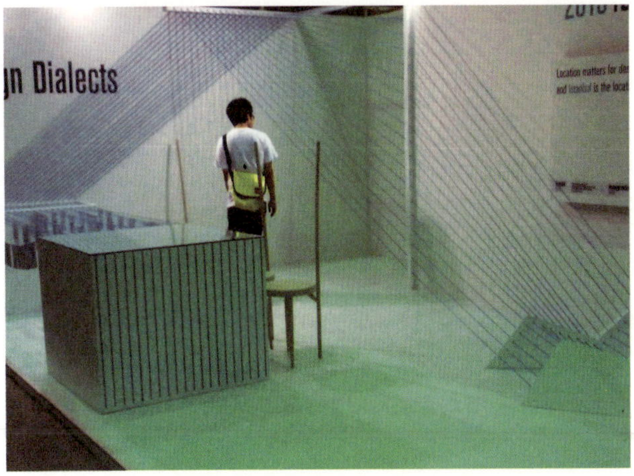

图 2-105　网面构成装饰 2 / 第一届世界设计大会 / 台北

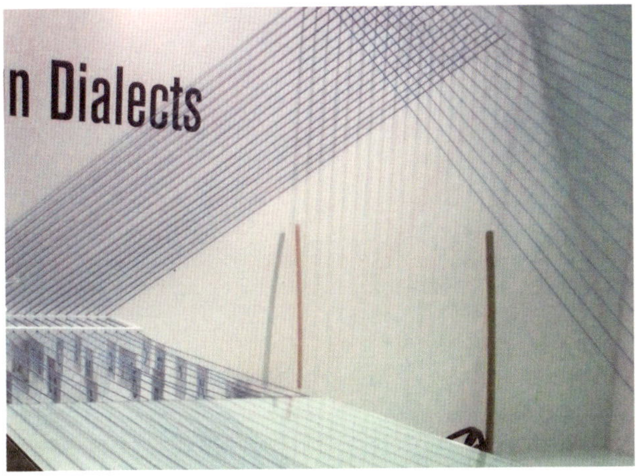

图 2-106　网面构成装饰 3 / 第一届世界设计大会 / 台北

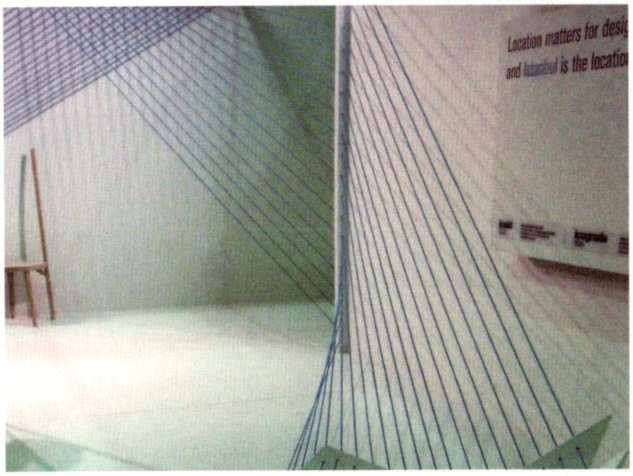

图 2-107　网面构成装饰 4 / 第一届世界设计大会 / 台北

图 2-108　毛线团放大成装置艺术品 / 2010 上海世博会

图 2-109　线缠绕成球形灯具造型 / 2010 上海世博会

2. 训练项目二：面材仿生构成

立体构成中所谓的“面”是指相对于其大小显得厚度很薄、具有宽度特征的材料实体，通常称这种材料为面材或板材。用面材加工所构成的立体形态成为面材构成，按照仿生思维方法加工成的面材作品，称为面材仿生构成。

面材仿生构成任务及案例

面材仿生构成制作演示

1）作业要求

①作业内容

通过对某种自然物象的仔细观察，寻找出其形态特征中以面为元素的基本分布规律，并以适当的面状材料经过一定的加工手段，通过归纳特征、变形、夸张等艺术手法加工成具有抽象形式美感的构成作品。

面材仿生构成步骤

②进行步骤

第一步，寻找参照物。

要寻找和挑选一定数量（要求十件以上）的具有美感的自然物象图片，或者是自然的实物素材，要求寻找的图片或实物素材具有明显的面材特征，如图2-110至图2-113。

图 2-110　数个面状花瓣组成一朵花 / 2012

图 2-111　蛾子和蝴蝶的翅膀呈面状特征 / 2017

图 2-112　竹笋的笋壳剥下展开后的面 / 2012

图 2-113　白珊瑚的造型由扇形面构成 / 2007

第二步，绘制白描线稿。

在上述图片或实物素材中，选定三件最漂亮的作为研究对象，以线条白描的手法将其主要的线性特征和分布规律记录下来，注意面的分布规律和空间穿插关系，最后形成A4大小的白描线稿数张，如图2-114至图2-117。

第三步，加工处理线稿。

在原始线稿的基础上，以线处理的手法进一步对原素材的特征规律进行简化、概括，为了美观也可以在原来形态特征的基础上适当的夸张、变形甚至扭曲，与准备的加工制作材料做好对应，形成A4大小的简化线稿或变形线稿，如图2-118至图2-121。

第四步，加工立体单元与整体构成制作。

利用课前准备的面材（如薄雪弗板、卡纸、皮纹纸、砂纸、吹塑纸、壁纸、塑料片等），选择简化线稿或变形线稿中面形很美、穿插分布清晰而且适合材料加工的一张，进行立体加工试制作，制作过程中可以根据美感需要不断地调整，直至达到较为理想的立体效果，这样便形成了一个“仿生立体单元”。再根据创作构思以及空间构图的需要，利用同一种面材通过放大、缩小、重复、变异等手法复制多个仿生立体单元，将这些仿生立体单元进行整体组合成所需要的造型。

最后，利用课前准备好的基座材料（如苯板、雪弗板、KT板、木工板等），根据作品的大小需要适当的裁切，最后将前面完成的多个仿生立体单元固定在裁切好的基座上，固定时注意上、下、左、右、前、后等不同角度的视觉效果。最后，裁切大小为3cm × 7cm的长方形小纸条，在纸条上写好作品的名称、作者的班级、姓名、学号、制作完成日期以及指导老师的姓名，并将纸条粘贴在作品底座的右下角，如图2-122、图2-123。

图 2–114　原始线稿 1 / 李米 / 编者指导 / 2013

图 2–115　原始线稿 2 / 李米 / 编者指导 / 2013

图 2–116　原始线稿 3 / 周伟 / 编者指导 / 2019

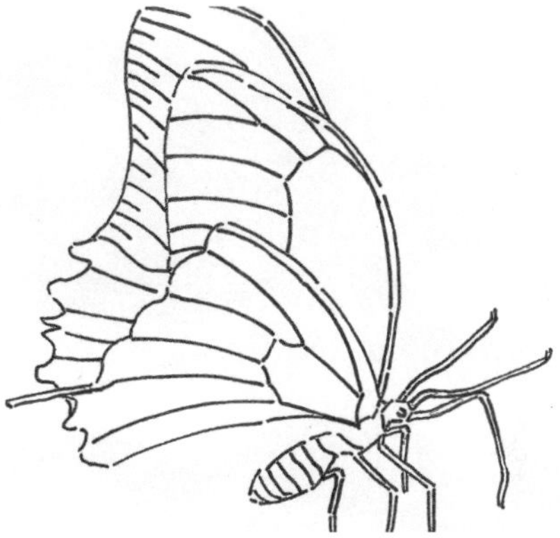

图 2–117　原始线稿 4 / 周伟 / 编者指导 / 2019

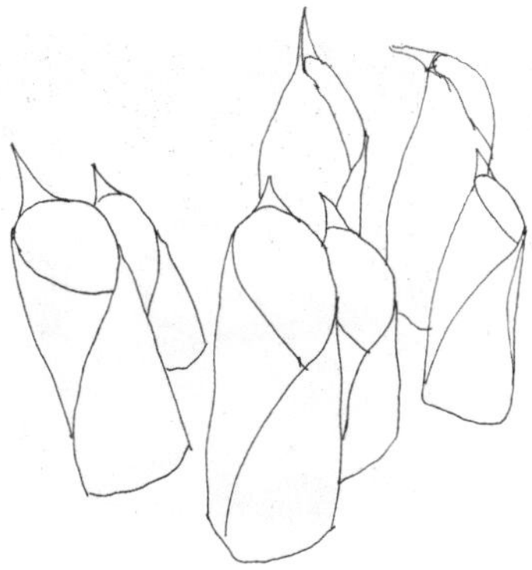

图 2–118　简化线稿 1 / 李米 / 编者指导 / 2013

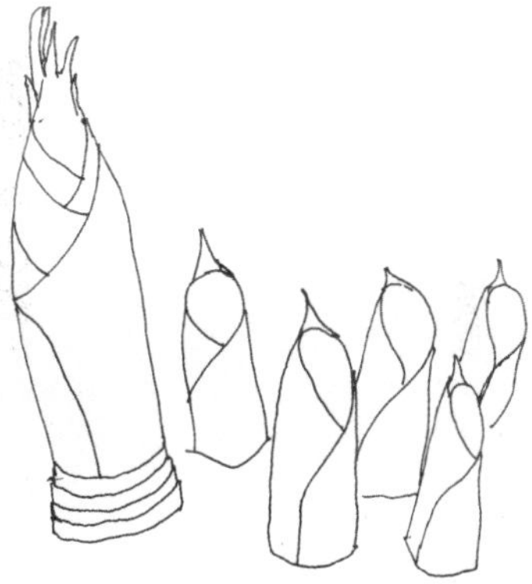

图 2–119　简化线稿 2 / 李米 / 编者指导 / 2013

图 2–120　简化线稿 3 / 李米 / 编者指导 / 2013

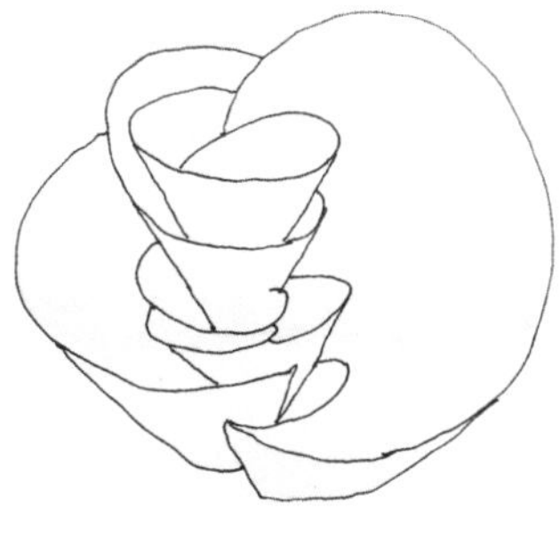

图 2–121　简化线稿 4 / 李米 / 编者指导 / 2013

③ 建议课时

10课时

④ 相关提示

指导老师在上一个训练项目结束时（本项目训练开始之前），要事先通知学生，多搜集或购买多种实物面材，以便在立体的制作阶段可以根据实际需要有选择材料的余地。同时，相关的加工工具也事先要准备好。

⑤ 评分标准

第一，对自然物象的形态特征提取富有个性和特色，线稿绘制简洁美观，占30%。

第二，作品具有抽象形式美感和想象力，占35%。

第三，加工制作精巧，占35%。

2）案例参考

① 面材仿生构成案例一：“化蝶双飞”

按照民间传说《梁山伯与祝英台》中的“化蝶双飞”故事情节，以蝴蝶的翅膀形作为基本形，将这些基本形组合成数个蝴蝶立体单元（用蓝红两种色彩各七个分别模拟梁山伯与祝英台的双飞动态），然后在基座上按照“S”形布局成作品造型。如图2-124、图2-125。

② 面材仿生构成案例二：“大公鸡”

该作品模仿公鸡的体态，以绿色卡纸加工月牙形为基本形，以基本形的重复排列模仿鸡头高昂以及尾羽上翘的特征，基本形注意大小变化以及排列的角度变化，具有较好的抽象形式美感。如图2-126、图2-127。

面材仿生构成赏析

③ 面材仿生设计与构成参考图片，如图2-128至图2-163。

面材仿生构成作品案例

图2-122 学生课程作品“雨后春笋”/倪悦/编者指导/2012

图2-123 学生课程作品“牵牛花开”/陈颖/编者指导/2012

图2-124 演示作品“化蝶双飞”1/编者制作/2020

图2-125 演示作品“化蝶双飞”2/编者制作/2020

图2-126 学生课程作品“大公鸡”1/陈德鹏/编者指导/2014

图2-127 学生课程作品“大公鸡”2/陈德鹏/编者指导/2014

图 2-128 学生课程作品“螃蟹”/孙成现/编者指导/2014

图 2-129 学生课程作品“万山丛中”/胡驰/张学凯指导/2014

图 2-130 学生课程作品“波浪”/蒋一鑫/张学凯指导/2014

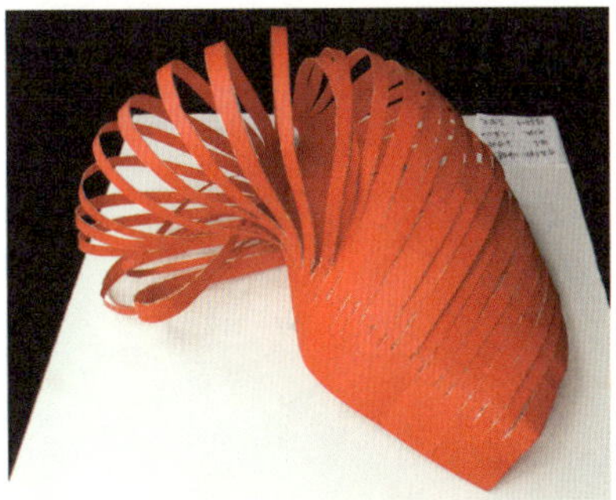

图 2-131 学生课程作品“海螺”/王丹丹/编者指导/2014

图 2-132 学生课程作品“开屏”/尹豪/编者指导/2014

图 2-133 学生课程作品“鹿王”/刘曼轶/张学凯指导/2014

图 2-134 学生课程作品“长颈鹿”/单丹丹/张学凯指导/2014

图 2-135 学生课程作品“小鸭”/金婷/张学凯指导/2014

图 2-136 学生课程作品“蜂巢”/王雄/编者指导/2014

图 2-137 学生课程作品“涌泉”/臧海杰/金钰指导/2018

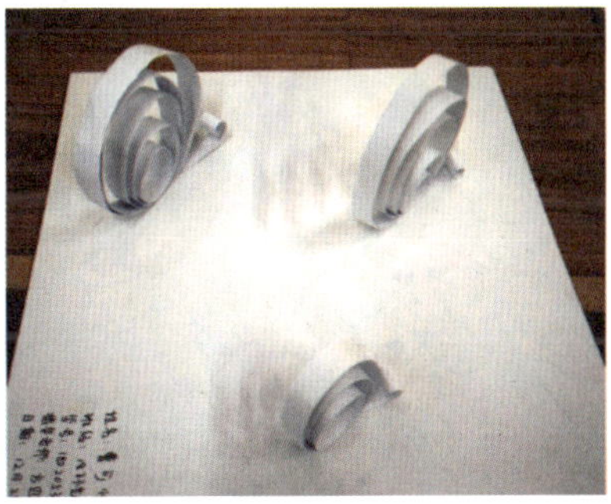

图 2-138 学生课程作品“蜗牛”/曹可忆/编者指导/2018

图 2-139 学生课程作品“涟漪”/孙成煜/张学凯指导/2014

图 2-140　学生课程作品“化蝶”/计清 / 张学凯指导 / 2015

图 2-141　学生课程作品“海螺”/殷星星 / 金钰指导 / 2015

图 2-142　学生课程作品“杀手”/陈德鹏 / 编者指导 / 2014

图 2-143　学生课程作品“毒王”/郑陈 / 郑小伟指导 / 2016

图2-144　学生课程作品“朵朵花开”/朱津娴 / 编者指导 / 2014

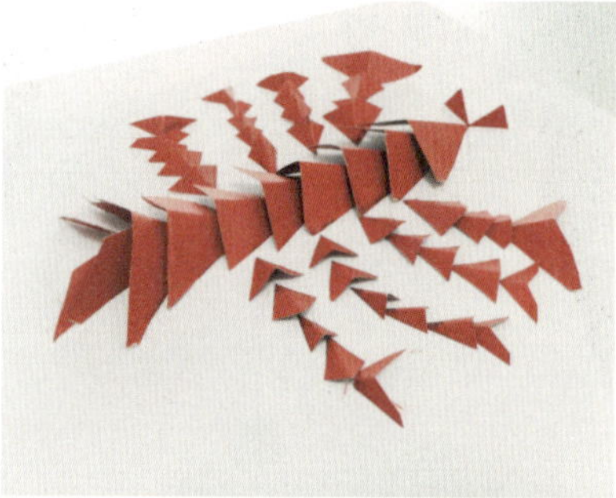

图 2-145　学生课程作品“龙虾”/乔龙 / 编者指导 / 2015

图 2-146　学生课程作品“绽放”/许梦龙 / 编者指导 / 2015

图2-147　学生课程作品“沙漠之星”/陈巧巧 / 郑小伟指导 / 2016

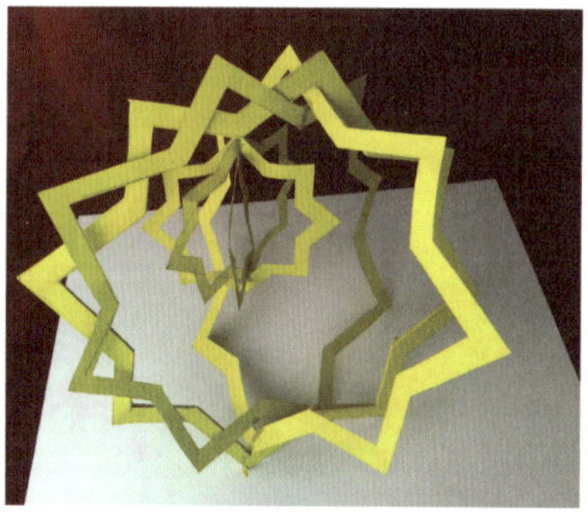

图 2-148　学生课程作品“光芒”/陈婉纾 / 编者指导 / 2015

图 2-149　学生课程作品“莲叶”/朱银娣 / 编者指导 / 2014

图 2-150　学生课程作品“绽放”/张晴 / 编者指导 / 2014

图 2-151　学生课程作品“和平鸽”/戴辰龙 / 编者指导 / 2018

图 2-152　景观小品（仿牵牛花）/ 第八届中国花卉博览会 / 常州 / 2013

图 2-153　常州九洲新世界仿树冠造型 / 2018

图 2-154　宁波花瓣造型的城市街道小品 / 2007

图 2-155　昆明园艺世博园荷叶造型的不锈钢雕塑 / 1999

图 2-156　常州恐龙园休息亭造型（仿昆虫）/ 2009

图 2-157　浙江舟山朱家尖南沙浴场大门造型（以海豚为原型）/ 2007

图 2-158　江西婺源仿蘑菇造型的公路收费站 / 2010

图 2-159　常州西太湖花坛造型（仿星形）/ 2012

图 2-160　室内金色棕榈树造型装饰 / 汉斯・霍莱茵 / 奥地利

图 2-161　上海世博会装置艺术品（蜗牛）/ 2010

图 2-162　上海世博会遮阳棚仿牵牛花 / 2010

图 2-163　上海世博会荷兰馆仿郁金香花造型 / 2010

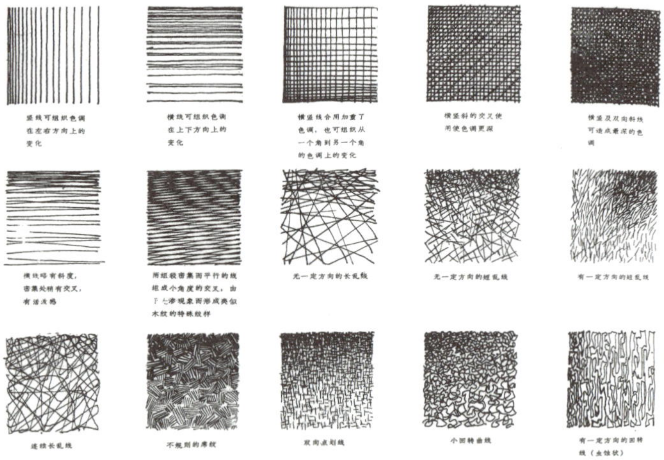

图 2-164　钢笔画的各种排线技法 / 钟训正 / 建筑画环境表现与技法 / 1989

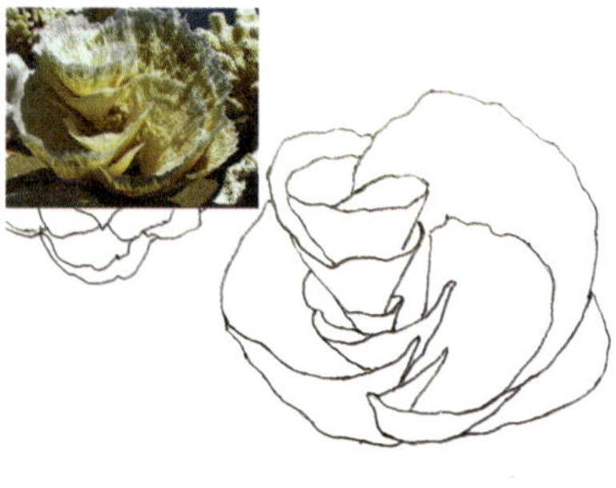

图 2-165　钢笔白描表达对象的轮廓 / 李米 / 2013

3）相关知识

① 钢笔画的基本表达

钢笔画就是以钢笔（包括普通钢笔、弯头美工笔、针管笔、签字笔等）为绘画工具所绘制的图画，它起源于欧洲的芦苇管、鹅毛管写字、绘画时代，钢笔画又称线条画。钢笔画是由疏密组成的黑白调子来表现物象（图2-164），具有丰富的表现表现力，从以轮廓表现为主的白描效果（图2-165）、到黑白对比强烈的版画效果（图2-166）、再到层次丰富的素描排线效果（图2-167）等都可以实现，对所画事物既能做精细入微的刻画，也能进行高度的艺术概括。钢笔画的主要特点是用笔果断肯定、线条刚劲流畅、画面黑白对比强烈。由于钢笔线条不能更改，因此练习钢笔画是培养观察能力、概括能力和快速表达能力的良好途径。

钢笔画

对于设计师而言，如何能够快速、准确地用图形语言向同事、客户表达自己的想法，是一项最基本也是很重要的技能，因此要求设计师掌握钢笔画技法是很有必要的。要画好钢笔画，首先要熟练掌握好空间透视以及各种常见对象（树木、人物、车辆、船舶、飞机等）的表达技法，然后掌握好构图原理、注意光影以及质感表现，多练多画自然熟能生巧（图2-168至图2-189）。

图 2-166　钢笔画的版画效果 / 梁蕴才、高祥生 / 1988

图 2-167　钢笔画的层次效果 / R. 斯特吉斯 /（美国）/ 1995

图 2–168 树木画法 / 钟训正 / 1989

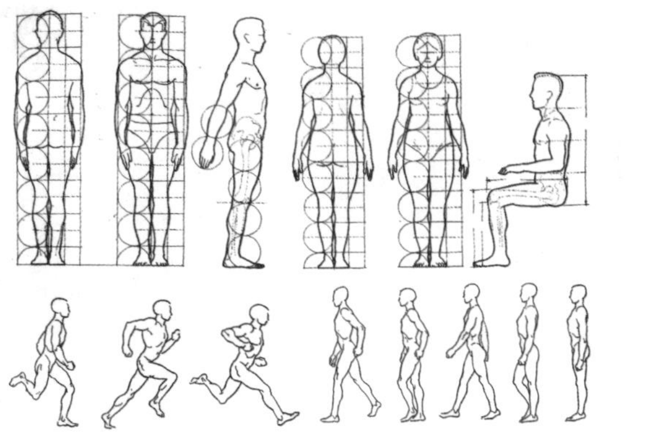

图 2–169 人物画法 / 钟训正 / 1989

图 2–170 车辆画法 / 钟训正 / 1989

图 2–171 船舶画法 / 钟训正 / 1989

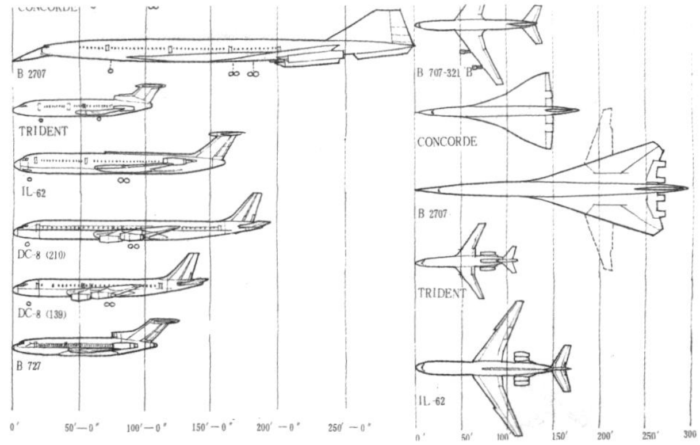

图 2–172 飞机画法 / 钟训正 / 1989

图 2–173 构图 / 钟训正 / 1989

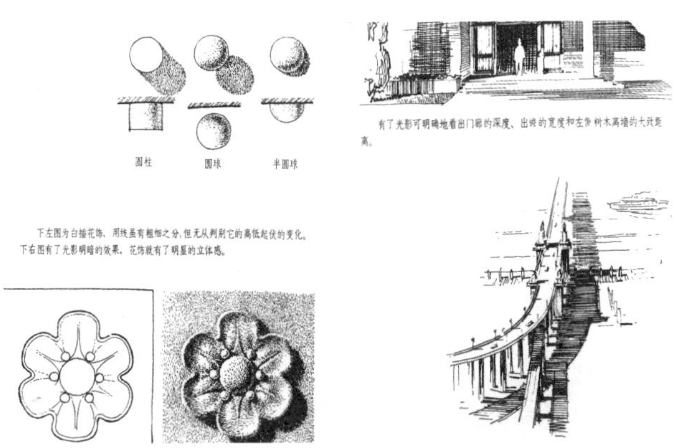

图 2–174 光影表现 / 钟训正 / 1989

图 2–175 质感表现 / 钟训正 / 1989

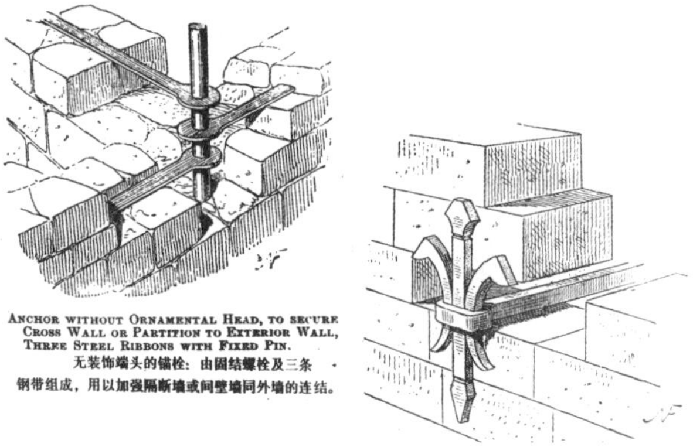

图 2–176　国外古典建筑图谱 1 / R. 斯特吉斯（美国）/ 1995

图 2–177　国外古典建筑图谱 2 / R. 斯特吉斯（美国）/ 1995

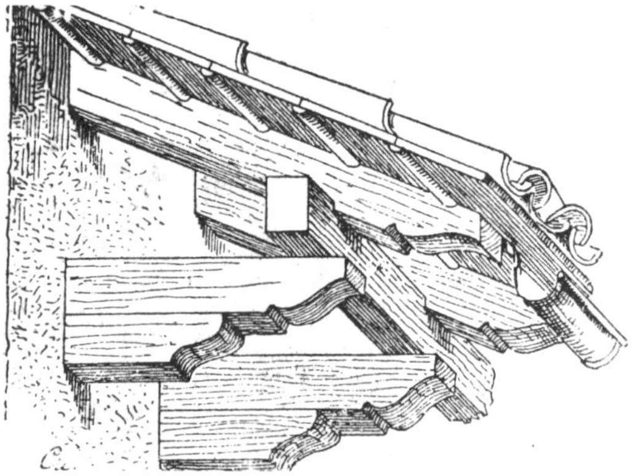

图 2–178　国外古典建筑图谱 3 / R. 斯特吉斯（美国）/ 1995

图 2–179　国外古典建筑图谱 4 / R. 斯特吉斯（美国）/ 1995

图 2–180　国外古典建筑图谱 5 / R. 斯特吉斯（美国）/ 1995

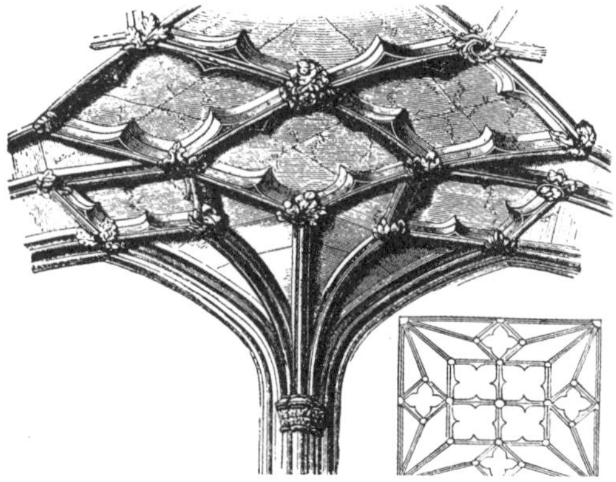

图 2–181　国外古典建筑图谱 6 / R. 斯特吉斯（美国）/ 1995

图 2–182　国外古典建筑图谱 7 / R. 斯特吉斯（美国）/ 1995

图 2–183　国外古典建筑图谱 8 / R. 斯特吉斯（美国）/ 1995

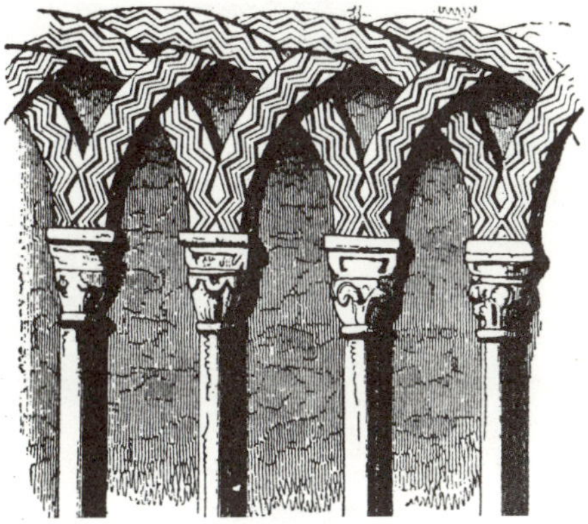

图 2-184　国外古典建筑图谱 9 / R. 斯特吉斯（美国）/ 1995

图 2-185　国外古典建筑图谱 10 / R. 斯特吉斯（美国）/ 1995

图 2-186　国外古典建筑图谱 11 / R. 斯特吉斯（美国）/ 1995

图 2-187　国外古典建筑图谱 12 / R. 斯特吉斯（美国）/ 1995

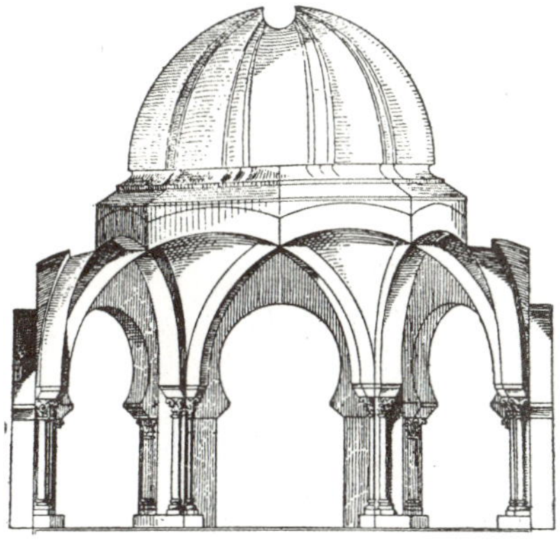

图 2-188　国外古典建筑图谱 13 / R. 斯特吉斯（美国）/ 1995

图 2-189　国外古典建筑图谱 14 / R. 斯特吉斯（美国）/ 1995

※※※关于徒手钢笔画作业

徒手钢笔画是设计师在构思阶段非常重要的快速表现手段，其绘制的基本要领是：用笔两头重、中间轻；长线条要借助胳膊的力量，注重线条大的走向把握，线条中间可以断开但不要搭接或重叠；线条要为形体结构服务，可以通过线条的疏密变化表达明暗和光影，但即使在线条的密集处也要根根清晰可辨。要求画在A4大小的纸张或速写本上，每天练习徒手钢笔画1幅，画面的右下角标明作者姓名、班级以及日期。

钢笔画示范

② 面材的种类与加工

面材的概念。从几何学的角度来讲，线是点在空间中运动的轨迹，面则是线在空间中的运动轨迹。从实物材料来说，面材是在空间中以长和宽两个维度呈现的形态，我们还可以将面材中具有一定厚度以及整体刚度的面材称为板材。

面材的种类与加工

面材的种类。我们常见的各种“纸”均为面材，如卡纸、铜版纸、铅画纸、水彩纸、皮纹纸、壁纸、复印纸、吹塑纸、砂纸、摄影胶片、金属薄片、塑料薄膜、张拉膜，包括我们常见的各种“布”也均为面材。常见的实物板材有厚纸板、模型卡、各种玻璃、塑料有机板、纸面石膏板、纤维板、刨花板、铝塑板、雪弗板、亚克力、abs板、KT板、三合板、五合板、木工板、贴面板、苯板以及各类薄金属板等。

面材的加工。有一定表面弹性和韧性的面材，如薄钢片、纸片等，可以通过弯曲（图2-190至图2-192）、缠绕（图2-193、图2-194）、折屈（图2-195至图2-197）以及压屈（图2-198）等手段加工，对于有一定强度而韧性差的板材主要以剪切（图2-199至图2-201）加工为主。

加工的工具。简易加工工具包括各类胶水、双面胶、乳胶、美工刀、剪刀、勾刀、钢尺、钢卷尺、小钢锯、锉刀、砂纸、尖锥钳、老虎钳、螺丝起子、雕刻刀、喷漆等；精细加工的工具，包括各类模型制作工具如玻璃刀、烘箱、电动线锯、钻床、砂轮机、小型冲击钻、台虎钳以及泥塑工具等。

面材的结合。面材的部分边缘之间需要互相连接才能形成一个完整的立

图 2-190　课程作品“蛇”/ 孟帅 / 编者指导 /2013

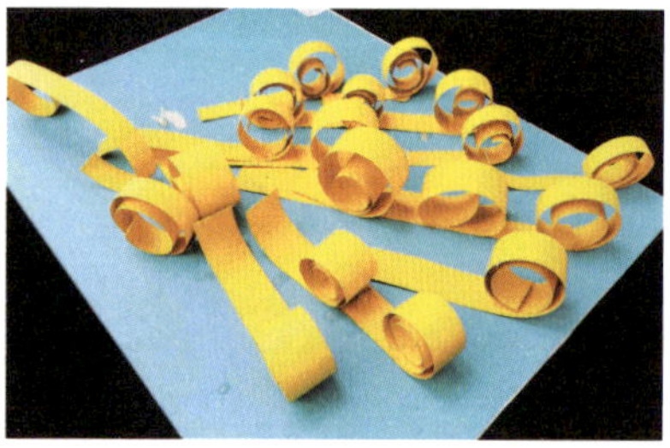

图 2-191　课程作品“浪花”/ 闫薪如 / 编者指导 /2013

图 2-192　课程作品“盛夏”/ 马群 / 编者指导 / 2013

图 2-193　课程作品“玫瑰”/ 吕梦恺 / 编者指导 / 2013

图 2-194　课程作品“绽放”/ 张晴 / 编者指导 / 2014

图 2-195　天下龙宫酒包装 / 福建华一设计 / 2013

图 2-196　课程作品“金字塔”/ 倪悦 / 编者指导 /2012

图 2-197　课程作品“黑色风暴”/ 兰红武 / 编者指导 / 2013

图 2-198　台北世界设计大会专用饮用水包装 / 编者摄 / 2011

体，面材的结合方式主要有平接黏合、插接结合、榫接结合、旋插结合、压插结合等。

面材的构成方式

③ 面材构成的方式

由于面材本身只具有二维特性，因此必须通过加工手段使之转化为三维特性才能形成立体。面材比线材更具视觉存在感，面材立体构成的体量感更加强烈一些。面材构成的方式主要有如下几个方面。

面材弯曲构成。通过面材的简单弯曲转化为空间曲面、圆柱、圆锥、圆台等立体，注意位置、角度、方向、大小以及疏密排列的变化。

面材扭曲构成。指将面材进行弯曲加工时不断地变换角度，形成富有动感的立体造型。

面材折屈构成。通过硬质面材的转折来转化为棱柱、棱锥等立体，这类构成的立体棱角分明，注意位置、角度、方向以及疏密排列的变化，可以形成具有节奏或韵律感的立体造型。

面材压屈构成。是将面材折屈构成中的部分棱线进行弯曲加工而变得局部柔和，也可以认为是折屈和弯曲的结合。

面材剪切构成。先对硬质面材的局部进行剪、切加工，然后对其剪切部分（子体）再通过弯曲、折屈、脱离等方法形成立体，这类构成因为子体和母体之间具有正负形的呼应关系而产生造型趣味。

面材重复构成。是指对多个相同或近似的面状造型单元进行上下、前后、左右的叠加、并置或错位排列，所产生的组合整体构成因为单元的重复而产生空间节奏和韵律，如图2-202至图2-207。

面材插接构成。在两个以上衔接面的端部，通过适当的切口使它们互相穿插在一起形成整体的造型，如图2-208、图2-209。

面材张拉构成。指具有一定伸缩性的面材（如张拉膜），在其边缘以及角上用绳索和硬框架将其张拉成型，如图2-210、图2-211。

面材悬坠构成。对软质面材的一端或两端加以固定后，依靠材料自身的重量产生的下坠造型，如图2-212、图2-213。

图 2-199　课程作品“星光”/ 唐小淋 / 编者指导 / 2015

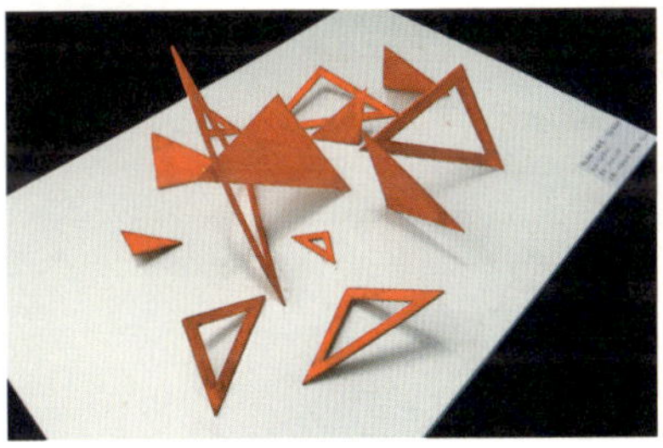

图 2-200　课程作品“绽放”/ 陈新宇 / 编者指导 /2013

图 2-201　面材切割拉伸造型 / 湖北美术馆 / 2016

图 2-202　课程作品“刺猬”/ 高阳 / 编者指导 / 2013

图 2-203　课程作品“游鱼”/ 陈梦晓 / 编者指导 / 2013

图 2-204 “莲叶何田田”/ 郭伊曼 / 编者指导 / 2013

图 2-205 课程作品“水中霸主”/ 丁慧 / 编者指导 / 2013

图 2-206 课程作品“蜗行牛步”/ 金文潼 / 2013

图 2-207 环境装置小品造型 / 上海世界博览会 / 2010

图 2-208 世界设计大会绿色坐具展品 / 台北 / 2011

图 2-209 世界设计大会绿色坐具展品 / 台北 / 2011

图 2-210 第八届花博会科技馆 ETFE 膜景观建筑 / 常州 / 2013

图 2-211 张拉膜景观小品造型 / 池州天平湖 / 2013

图 2-212　百货家具城顶部造型 / 宁波 / 2008

图 2-213　宾馆大堂顶部 / 杭州 / 2013

3. 训练项目三：块材几何构成

所谓“块材”一般是指相当的厚度以及明显的体量感、充实感的材料实体，如图2-214。块材几何构成的基本方式，是将原有大的块材先分解成抽象的几何形小基本块体，再将小块体进行拼接组合而成为新的造型，如图2-215、图2-216所示。

块材几何构成任务及案例

块材几何构成制作演示

图 2-214　各种材质的块材示例

1）作业要求

① 作业内容

对某一个大的实体块材以几何分解的方法，分解成为数个彼此相关的但大小、形状不同的实体小块，或者是以面材加工成与上述实体小块形态相当的空心小块，两种小块统称为块体单元。然后将这些块体单元加以复制（如重复性复制、渐变性复制等），最后将所有的或部分的块体单元按照一定的排列规律拼接组合成为一个新的立体造型。

② 进行步骤

第一步，分解草图绘制。

根据拟定的或事先准备的大的实体块材（要求块材形体比较单纯，如球体、正方体、长方体、金字塔、圆柱体、六棱柱等），画出将其分解成小块体单元的分解草图（钢笔画形式表达），小块体单元可以是球体、圆锥体、三角锥体、正方体、圆柱、三棱柱等，要求画出三种以上不同的小块体单元的分解草图，如图2-217、图2-218。

图 2-215　中国传统益智玩具七巧板的基本单元

第二步，块体单元加工。

根据选定的较为理想的分解草图，将事先准备好的大的实体块材（材质包括木材、苯板、插花泥等）进行分解加工，得到实体小块体单元。如果因为分解加工条件所限制的话，可以用面材（卡纸、雪弗板、吹塑纸等）加工成与上述分解草图相当的空心块体单元。

图 2-216　仿七巧板块体组合成造型 / 袁丹丹

第三步，组合草图绘制。

将第二步得到的块体单元，运用其中的全部或部分进行组合构思，并以

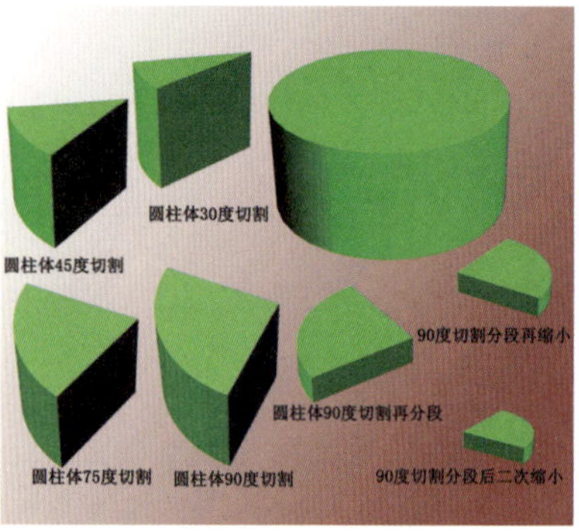

图 2-217　大的实体块材分解成小块体单元

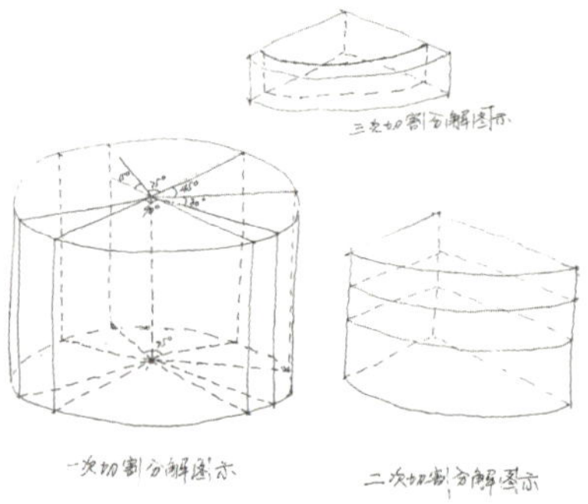

图 2-218　大实体块材，以几何法分解成小块体单元

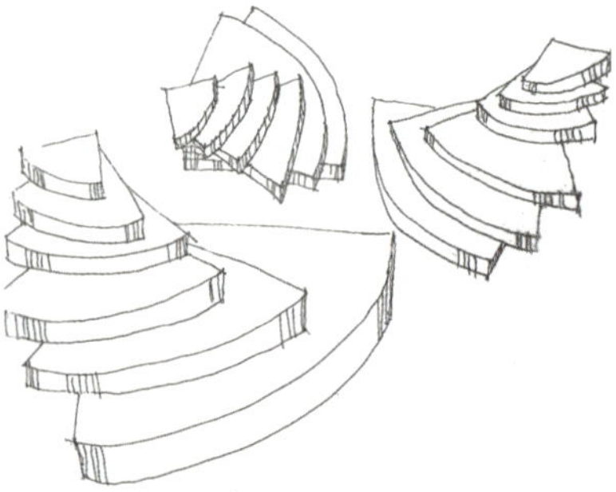

图 2-219　小块体单元拼接成构成作品的构思草图

图 2-220　小块体单元拼接成最终几何构成作品

草图（钢笔画表达）的形式表达出来，要求画出三种以上不同的组合草图，如图2-219。

第四步，组合形体拼接。
从第三步得到的组合草图中选定最理想的一个组合构思方案，将第二步得到的块体单元进行拼接，并适当的调整和优化，最终得到构成作品主体。再利用课前准备好的基座材料（如苯板、雪弗板、KT板、木工板等），根据作品的大小需要适当的裁切，将构成作品主体固定于基座上，注意上、下、左、右、前、后等不同角度的视觉效果。最后，裁切大小为3厘米×7厘米的长方形小纸条，在纸条上写好作品的名称、作者的班级、姓名、学号、制作完成日期以及指导老师的姓名，并将纸条粘贴在作品底座的右下角，如图2-220所示。

第五步，作品视图绘制。
按照视图的基本表达原理，将最终的块材几何构成作品的顶视图（平面图）、前视图（正立面图）以及左侧视图（左侧立面图）表达在绘图纸上，如图2-221。视图的表达是为了培养学生空间思维的空间思维准确表达能力，为后面《设计制图》课程的学习做铺垫。

③ 建议课时
10课时

④ 相关提示
指导老师在上一个训练项目结束时（本项目训练开始之前），要事先通知学生，多搜集或购买多种实物块材，以便在立体的制作阶段可以根据实际需要有选择材料的余地，同时相关的加工工具也事先要准备好。

⑤ 评分标准
第一，对块材的选择、分解和加工要有清晰的思路，分解草图和组合草图的绘制简洁美观，块体单元简洁而富有个性，占40%。

第二，最终完成的构成作品具有抽象形式美感和想象力，占40%。

第三，顶视图、前视图以及左视图的绘制表达正确、整洁、美观，占20%。

2）案例参考

① 块材几何构成案例一：众志成城
本作品以“众志成城”为主题表达全国各族人民抗击新冠病毒的凝聚力、战斗力和执行力，以山形三角块为基本形，以56个三角块代表56个民族在绘制有中国地图轮廓的底座上以北京为中心呈辐射状排列布局成作品造型。如图2-222至图2-224。

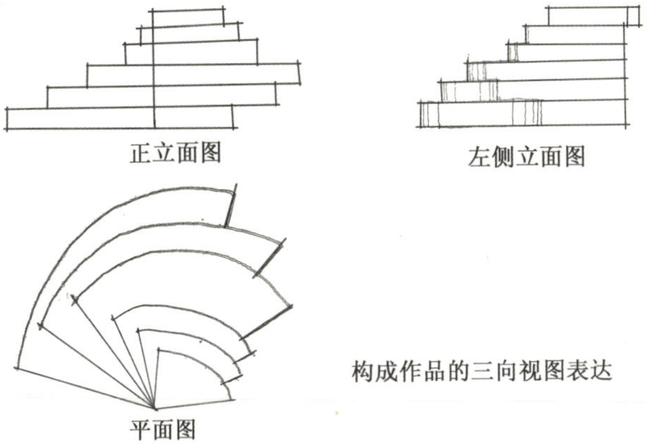

图 2-221　块材几何构成作品的三向视图表达

图 2-222　演示作品“众志成城”/ 编者制作 / 2020

图 2-223　演示作品“众志成城”角度 1 / 编者制作 / 2020

图 2-224　演示作品“众志成城”角度 2 / 编者制作 / 2020

② 块材几何构成案例二：毕业设计展览二维码装置

该作品以双手摆成取景框的造型为原型抽象而成，造型中间部分为端头附有二维码的印章形状，观众可以通过手机扫描二维码来获得该年度毕业设计展览的作品信息。从立体构成的角度来分析，该装置艺术品造型是以印章长方体为基本形的块材几何构成，以印章长方体为中心，周边以大小长短变化的长方体组合呼应成双手取景框的抽象形态，整个造型具有韵律感。该装置艺术品除了以现代传媒手段传递毕业展览作品信息外，红色印章造型本省同时还是代表中国传统文化的一种符号，可谓传统与现代的有机融合。如图2-225至图2-228。

图 2-225 至图 2-228　南京艺术学院“毕业设计展览二维码装置”/ 孙智强 / 2014

③ 块材几何构成参考图片，如图2-229至图2-289。

块材立体构成作品赏析

块材几何构成作品案例

图 2-229 课程作品“一览众山小”（块材分解组合构成）/ 秦晔 / 编者指导 / 2013

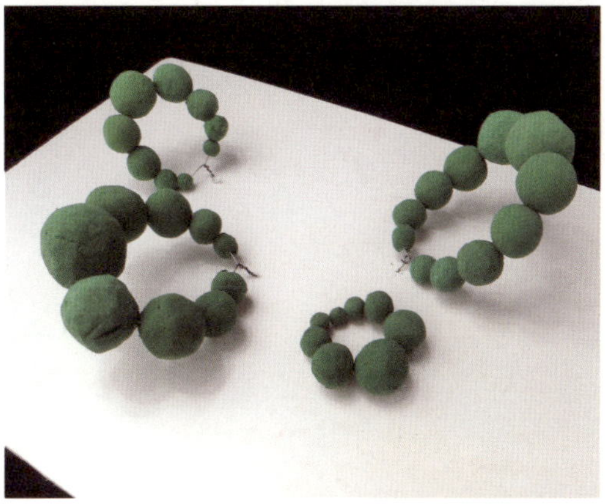

图 2-230 课程作品“漂浮”（块材累积组合构成）/ 陈新宇 / 编者指导 / 2013

图 2-231 课程作品“乱石穿空”（块材累积组合构成）/ 殷小慧 / 张学凯指导 / 2014

图 2-232 课程作品“恐龙”（块材累积组合构成）/ 刘曼轶 / 张学凯指导 / 2014

图 2-233 课程作品“释放”（块材分解组合构成）/ 丁意 / 编者指导 / 2013

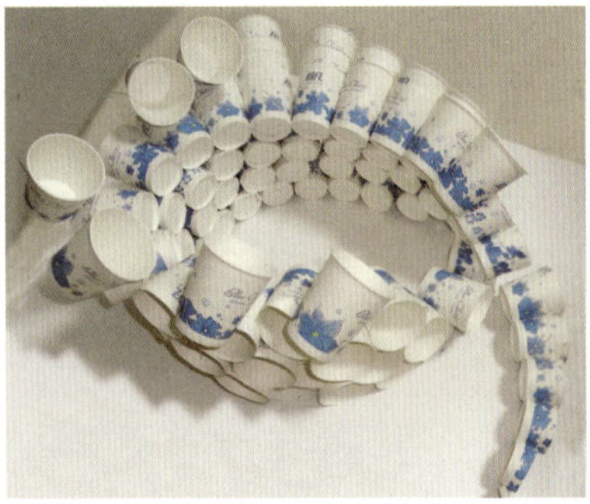
图 2-234 学生课程作品“围城”/常张杰 / 编者指导 / 2014

图 2-235 学生课程作品“圆圆的世界”/ 金婷 / 张学凯指导 /2014

图 2-236 学生课程作品“蚀”/ 胡驰 / 张学凯指导 /2014

图 2-237 学生课程作品“人与马”/丁勇 / 郑小伟指导 /2016

图 2-238 学生课程作品“转”/ 朱津娴 / 编者指导 / 2014

图 2-239 学生课程作品“落”/ 夏燕 / 编者指导 / 2014

图 2-240 学生课程作品“魔方”/陈德鹏 / 编者指导 / 2014

图 2-241 学生课程作品“文明的足迹”/ 陈斌 / 编者指导 / 2013

图 2-242 学生课程作品“魔方”/沈媛 / 张学凯指导 /2014

图 2-243 学生课程作品“蝶舞”/黄紫月 / 郑小伟指导 /2016

图 2-244 学生课程作品“畅想”/孟帅 / 编者指导 / 2013

图 2-245 学生课程作品“象棋”/郭军 / 编者指导 /2012

图 2-246　学生课程作品“疾风”/兰红武/编者指导/2013

图 2-247　学生课程作品“律动”/周静/编者指导/2013

图 2-248　学生课程作品“对话”/闫薪如/编者指导/2013

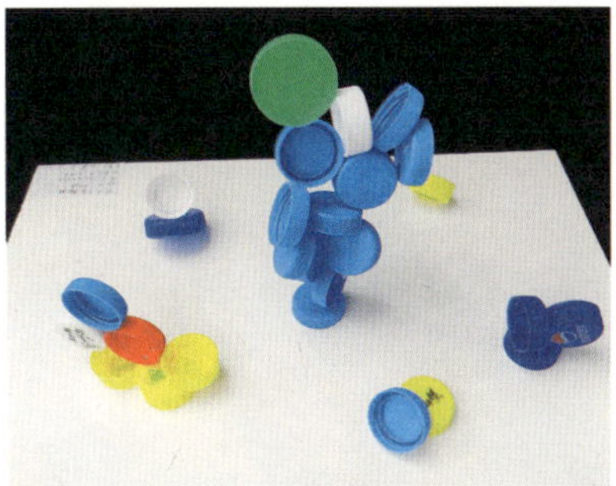

图 2-249　学生课程作品“跳跃”/刘威/编者指导/2013

图 2-250　学生课程作品“串烧”/吴炎/编者指导/2013

图 2-251　学生课程作品“凝聚”/陈鹏/编者指导/2020

图 2-252　井冈山标志造型/2018

图 2-253　湖南岳阳市街道环境小品造型/2014

图 2-254　五星公园景墙造型/江苏常州/2014

图 2-255　“喷泉”/长春世界雕塑公园/2014

图 2-256　砖砌立体构成/成都宽窄巷/编者拍摄/2015

图 2-257　常州市创意园标识化 logo 造型/2016

图 2-258　道路节点景观花瓣造型 / 江西九江 / 2018

图 2-259　斗拱块材构成校园雕塑“栋梁”/ 徐州 / 作者：滕志先 / 2013

图 2-260　苏州工艺美术学院毕业设计作品镂空体块构成“峭壁山”/ 作者：覃池泉 / 2018

图 2-261　短石柱景观 / 江苏洪翔中学 / 2017

图 2-262　江苏常州新天地公园景观小品 / 2013

图 2-263　金华职业技术学院校园景观小品 / 2014

图 2-264　法国古典主义园林 / 植物修剪“爱情花坛”几何块体

图 2-265　上海世博会水景置石造型 / 2010

图 2-266　广东佛山滨水景观小品造型 / 2019

图 2-267　卡尔顿书架 / 埃特·索特萨斯 / 中国美院中国国际设计博物馆 / 2019

图 2-268　中国美术学院国际设计博物馆建筑外观 / 阿尔瓦罗·西扎（葡萄牙）/2018

图 2-269　宁波美术馆装置小品造型 / 2007

图 2-270　杭州企业标识造型 / 2017

图 2-271　杭州梦栖小镇标识造型 / 2019

图 2-272　东南大学建筑馆不锈钢抽象雕塑 / 2000

图 2-273　杭州云栖小镇国际展示中心雕塑 / 2017

图 2-274　中国美术学院象山校区“设计智造”大奖奖杯造型风动装置 / 2019

图 2-275　“五月的风” / 青岛五四广场 / 2012

图 2-276　公园入口标识造型 / 江苏常州 / 2015

图 2-277　标识造型 / 江苏常州 / 2018

图 2-278　桂林旅游学院大门造型 / 2019

图 2-279　常州万达嘉华酒店室内装饰品 / 2018

图 2-280　福建漳州景区标识造型 / 2012

图 2-281　新天地公园景观造型 / 江苏常州 / 2019

图 2-282　浙江传媒学院大门造型 / 2019

图 2-283　座椅造型 / 浙江嘉兴 / 2018

图 2-284　上海人民公园五卅运动纪念雕塑 / 2015

图 2-285　上海世博会倒计时牌 / 2009

图 2-286　新华书店服务台 / 江苏常州 / 2020

图 2-287　小区景观造型 / 江苏常州 / 2019

图 2-288　江苏第八届园博会雕塑“沙与洲的传说”/ 2013

图 2-289　高速入口建筑造型 / 江西九江 / 2019

3）相关知识

① 视图表达基本原理

投影的基本知识。投影，指在光源的照射下，空间形体在平面上产生的影子。光源称为投影中心，光源发射的光线称为投射线，平面（H）称为投影面，这种得到空间形体的投影方法称为投影法。投影分为中心投影（点光源）和平行投影（平行光源，又分为正投影和斜投影），当投射线的方向垂直于投影面H且彼此平行时得到的投影称为正投影，本教材的要求是学会用正投影的方法进行立体作品的视图表达。

形体的投影方法。塞尚认为：“自然界的物象皆可还原为简化的球形、圆锥形、圆筒形的构成。”我们把单纯又容易区别的形体归结为：球体、圆柱、圆锥、立方体、方柱体和方锥体等。对于这些基本形体，按照正投影的方法得到相应X、Y、Z三轴方向在H、W、V三个面的投影图，如图2-290至图2-295。对于复杂的形体则要先分解为基本形体，再做投影图组合，如图2-296所示。

视图的表达。我们将形体在投影面进行正投影所得到的图形，称为视图，如图2-297所示。 在视图表达中，看

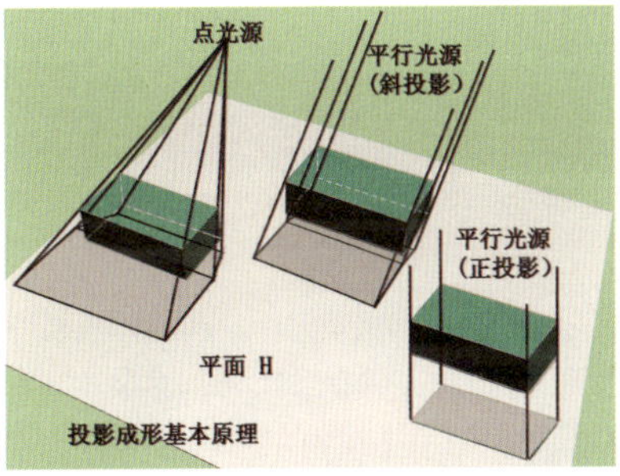

图 2-290　中心投影、斜投影、正投影示意

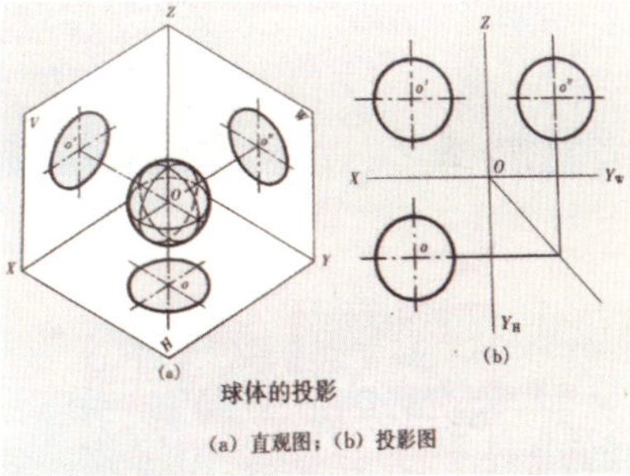

图 2-291　球体投影 / 建筑制图与阴影透视 / 魏艳萍

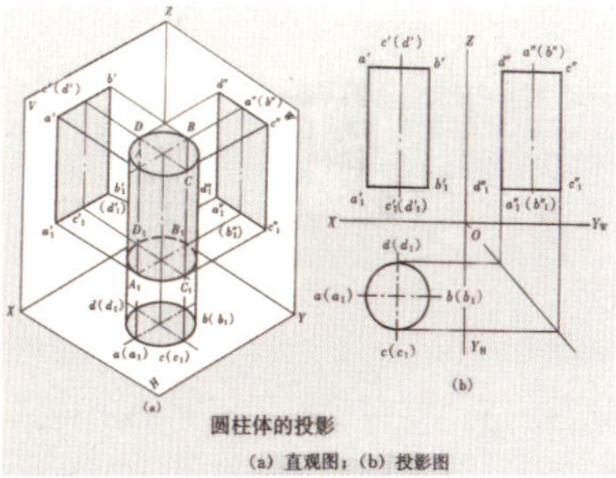

图 2-292　圆柱体投影 / 建筑制图与阴影透视 / 魏艳萍

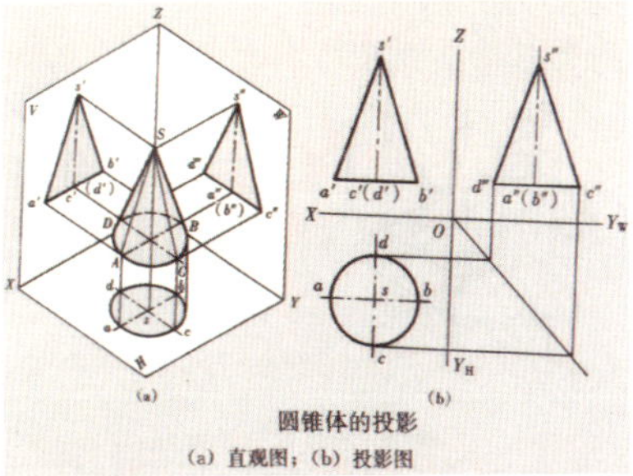

图 2-293　圆锥体投影 / 建筑制图与阴影透视 / 魏艳萍

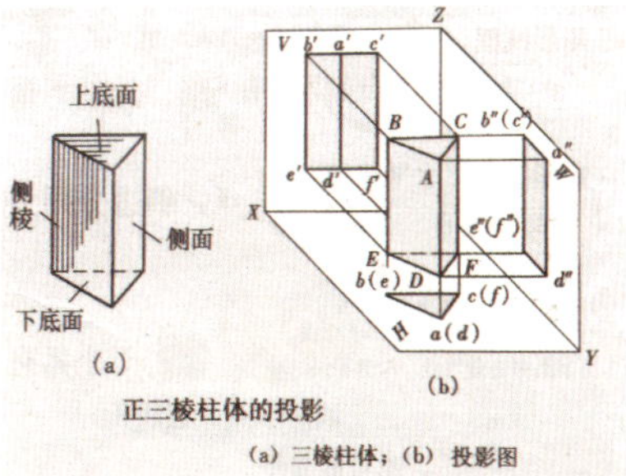

图 2-294　正三棱柱投影 / 建筑制图与阴影透视 / 魏艳萍

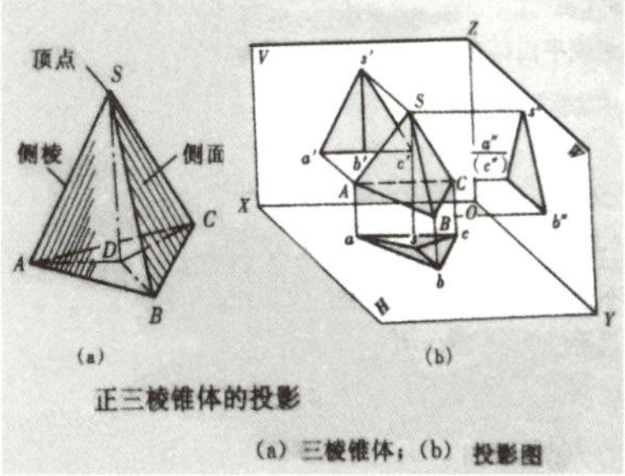

图 2-295　正三棱锥投影 / 建筑制图与阴影透视 / 魏艳萍

得到的轮廓线用实线表达，而被前面所遮挡的轮廓线以及形体内部空腔的轮廓线都用虚线表达。我们把从上向下的H面投影视图称分平面图（或称顶视图），把从前向后的V面投影视图称分正立面图（或称正面视图），把从左向右的W面投影视图称分左侧立面图（或称左侧面视图），我们将上述三个视图合称为三面视图，简称为三视图，如图2-298所示。

视图的基本表达

三视图的投影联系规律。正立面图反映了形体的上下、左右的相互关系，即高度和长度；平面图反映了形体的前后、左右的相互关系，即宽度和长度；左侧立面图反映了形体的上下、前后的相互关系，即高度和宽度。在三视图的表达中，一般将平面图位于正立面图的下方，左侧立面图位于正立面图的右方。三个视图之间的相互关系为：“长对正”“高平齐”“宽相等”，即正立面图和平面图的“长对正”、左侧立面图和正立面图的“高平齐”、左侧立面图和平面图的“宽相等”，如图2-299所示。

② 块材的种类与加工

块材的种类。块材是指占有一定空间，具有充实感、厚重感或体积感的物质实体形态。其内部材质可以是实心、空心两种（如图2-300至图2-305），常见实体块材有石材、石膏、泥土、木块、泡沫、橡皮泥、插花泥、塑料等，常见空

块材的种类

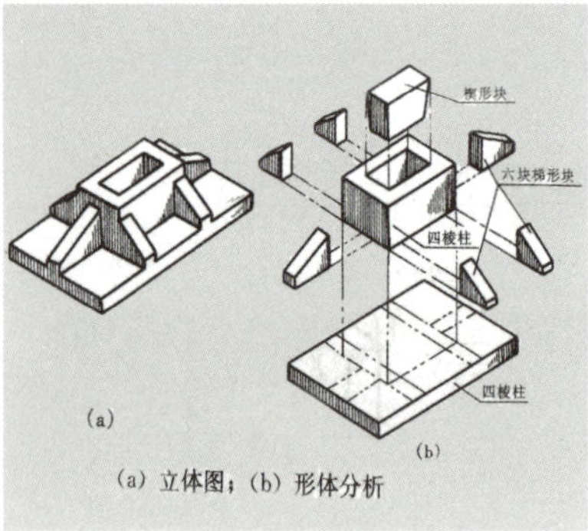

图 2-296　形体分解 / 建筑制图与阴影透视 / 魏艳萍

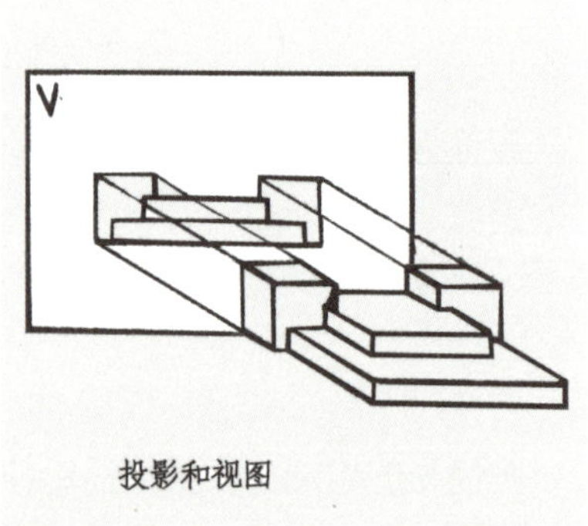

图 2-297　投影转视图 1 / 建筑工程制图 / 陈文斌

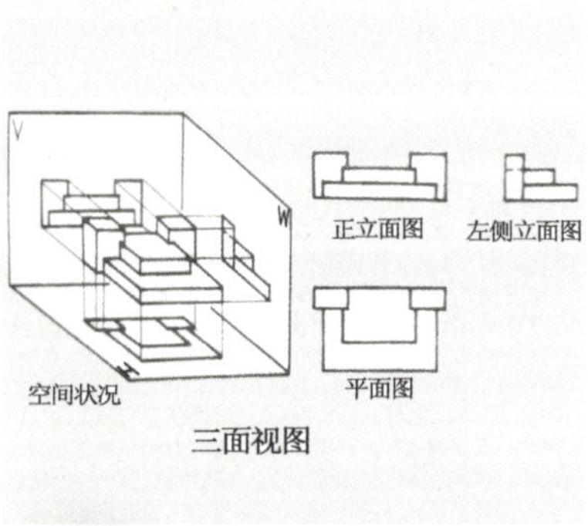

图 2-298　投影转视图 2 / 建筑工程制图 / 陈文斌

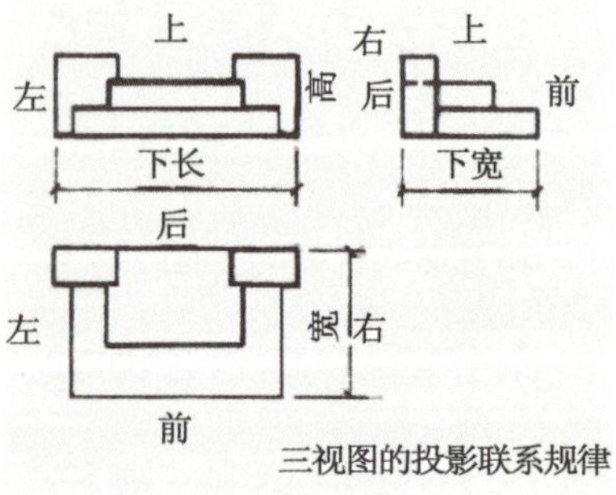

图 2-299　视图投影联系 / 建筑工程制图 / 陈文斌

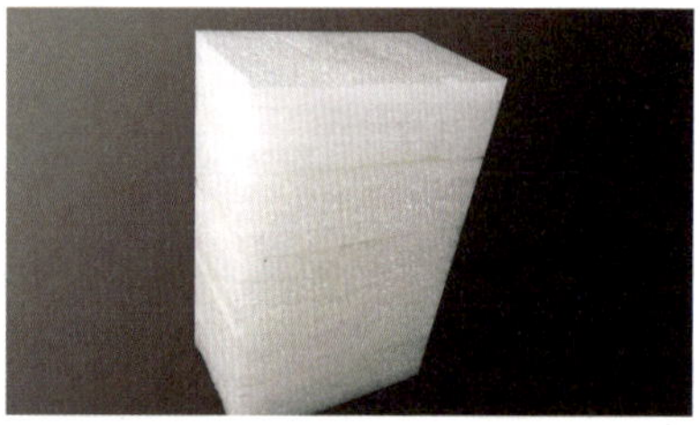

图 2-300　泡沫

图 2-301　石材

图 2-302　塑料

图 2-303　插花泥

图 2-304　卡纸加工成空心块体

图 2-305　泡沫饭盒的空心块体

心块材有海绵块，空心块材还包括中心镂空的块体和由面材包裹成的空心块体。

块材的加工。对于面材包裹成的空心块体，其加工工具和加工方法与面材是一样的。对于实体块材，根据材料的硬度以及材质的不同可以采用不同的加工工具以及加工方法。对于泡沫和插花泥类的软质块材，主要用美工刀、钢丝锯和泡沫热切工具来加工。对于塑料板类、木质人造板类等硬度不太大的材料，可以用钢锯、烘箱、勾刀等工具来加工。对于木块、金属、石材、玻璃等硬度较大或具有一定厚度的材料，要用到切割机、玻璃刀、电动线锯、钻床、砂轮机、小型冲击钻以及台虎钳等工具。

块材加工构成方式

③ 块材构成的方式

块材构成的方式分为累积组合构成和分割组合构成两类。

块材累积组合构成，是指由三个以上比较单纯的天然几何单体块材或人工几何单体块材，累积而成为新的形体组合（图2-306）。块材累积组合构成必须以几何单体块材为基本单位，几何单体块材可以是重复的、类似的、近似或渐变的形体，甚至个别可以是异质形体以便产生对比和变化。相邻形体之间的关系有接触（图2-307）、分离（图2-308、图2-317）以及穿插（图2-309至图2-312）三种形式，形体的个性必须服从整体的节奏感和方向性。此外，单纯的几何单体块材还可以通过加工手段来增加变化，如单体的局部增减，如单体本身的扭曲、伸展、涨缩、分裂、旋转等创造出各种动势和形态（图2-313），从而产生新的单体造型，以增加复合形体的变化。单体的增减一般以单纯的几何形体为基本形，可以做表面的增殖或削减，边线的增殖或削减以及棱角的增殖与削减处理。

图 2-306　三角蛇塑料玩具各类变化累积组合造型

图 2-307　回归・香港的春天 / 长春世界雕塑公园 / 2014

图 2-308　雕塑“新的开始”/ 长春世界雕塑公园 / 2014

图 2-309　淹城乐园诸子百家园 / 江苏常州 / 2014

图 2-310　世界设计大会展位造型 / 台北 / 2011

图 2-311　青岛理工大学校门造型 / 2013

图 2-312　过去连接未来 / 长春世界雕塑公园 / 2014

图 2-313　德国法兰克福机场 / 2016

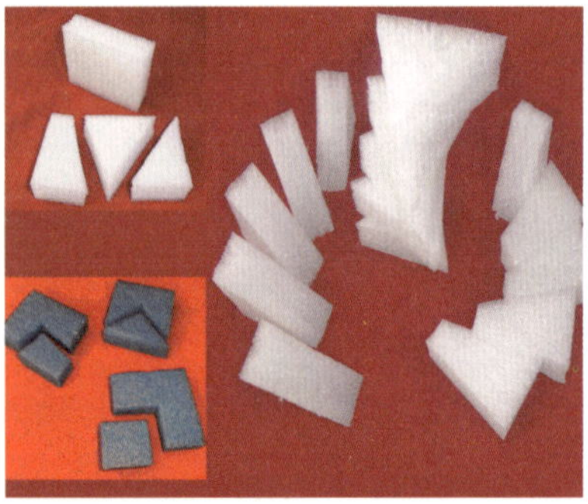

图 2-314　块材的分割组合构成示意

图 2-315　七巧板的分割组合构成示意

图 2-316　球体分割组合构成示意

块材分割组合构成，是将块材先分割再组合的构成。首先确定好基本块体（母体）的形态和大小，然后对这类母体进行分割而产生新的小形块体（子体），最后将母体、全部或部分的子体依照设计构思按一定的排列规律进行累积组合而创造出新的形体组合（图2-314）。块材分割组合构成也可以认为一种特殊的块材累积组合构成，这类构成因为子体和母体之间以及相邻子体之间具有正负形、相似形、渐变形的呼应关系而产生造型趣味和审美关系，如图2-314至图2-317；立方体的分割方式分为等量分割（图2-318）、等形分割（图2-319）、等距分割（图2-320）、比例或数列分割、自由分割等五种。这五种分割的差别是：等量分割是指分割后的子形体量、面积大致相同但形状不一定相同，其组合构成的体量感相对容易把握；等形分割是指分割后的子形形状以及大小都相等，其组合构成容易协调；等距分割则是子形保持同样的切割厚度，块材的厚度是构成的协调因素；比例或数列分割是指分割后的子形之间具有渐变关系，其组合构成容易产生韵律美感；自由分割则是指分割后的子形形状较为自由活泼、富有变化，但是也容易导致组合构成时的无序，因此分割后的子形要注意正负形的关系应用。

图 2-317　金华职业技术学院雕塑 / 2014

图 2-318　矩形体二等分分割平面示意

图 2-319　分割组合造型“光芒” / 倪悦 / 编者指导 / 2012

图 2-320　球体平行切片组合雕塑 / 江苏常州 / 2013

第二节　构成创意训练

构成创意训练模块训练是在前面的形式基础模块基础上的一个提升，构成创意训练模块包括个三个训练项目，分别为：① 空间创意构成，参见图2-321；② 经典演绎构成，参见图2-322；③ 主题创意构成，参见图2-323。

构成创意训练的学习目标为以下三个方面。
① 培养一定的空间概念和空间思维能力，并能以常见材料的组合表达空间的美感形式，培养基本的空间思维。
② 让学生在师法经典作品的过程中体验创意及形式美的创作规律及造型方法，从而培养学生的抽象设计思维能力；学会形式演绎构成的方法，即通过同形异构、同神异构、打散构成等方法，加工成具有形式美感的作品，并注意结构形式的运用。

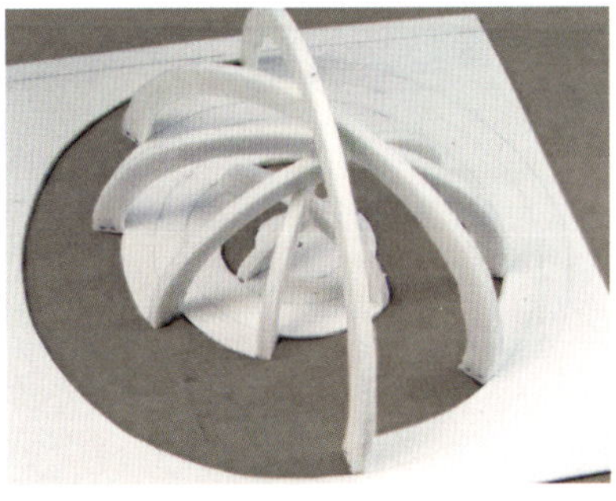

图 2-321　空间创意构成 / 郑园园 / 2003

图 2-322　“金字塔”之演绎构成 / 倪悦 / 2012

图 2-323　“接天荷叶无穷碧” / 邵珠恩 / 2012

③ 通过主题创意构成表达训练，培养学生对于主题的解读能力以及用构成创意手段表现主题的方式，以提高学生的原创构思和表达能力；让学生初步了解设计符号知识，尤其是对于中国传统文化符号的了解，在研究学习传统文化的过程中领悟传统文化的深厚魅力，并学会以一定的立体构成形式表达和表现文化，使得形式表达富有文化内涵和意境。

各个专业在讲授构成创意训练模块时可以根据专业特点，在这三个训练项目上可以适当有所方向的引导，为后续的各专业设计课程提供重要的铺垫。

1. 训练项目一：空间创意构成

所谓“空间”，是相对实体而言，我们把物质实体所包围空腔部分、物质实体之间或物质实体周边的空隙部分称为空间，因此空间具有容器的特征，可以容纳人的活动或者别的物质实体，如图2-324至图2-327。空间是由实体所分所割的、所包围的虚空，空间形态如同水的形态一样，是由周边围合它的实体形态（即空间边界）所决定，并且实体边界与围合空间二者之间形成正负形的关系。所谓“空间创意构成”，是指在空间形成的基础上，使得空间形态元素的组合具有特定的环境艺术氛围或文化内涵。

图 2-324　中庭空间由墙、柱、顶、楼梯等围合而成

图 2-325　包装盒内部空间与被包装物品尺寸相吻合

图 2-326　展台边界与展示参观空间的正负形关系

图 2-327　两种元素（柱与门）形成空间系列组合构成

1）作业要求

① 作业内容

利用线材、面材或块材等三类中的一种或两种材料，先加工成几种近缘的基本形态单元，再将这些形态单元组合成三个以上相邻的连续空间的空间组合构成。要求这三个空间必须有较好的视觉整体感，同时也要求有一定的变化，如空间大小的变化、形态的变化、色彩的变化、方向的变化以及围合程度的变化等，如图2-327。

空间创意构成任务

空间创意构成制作演示

② 进行步骤

第一步，平面格网绘制。

根据事先准备的底板（要求不小于50厘米×40厘米，底板材料可用苯板、雪弗板、KT板、木工板等），在底板上绘制出所设计的网格。网格可以是一种网格单元的简单重复，如正方形、长方形、正六边形、正八边形、圆弧形、三角形等。网格可以适当增加一些变化，如两种可以彼此完好衔接的不同网格单元相错杂，或是同一种网格单元进行放大或缩小的变化，或同一种网格单元的局部断开、错开、转动等，如图2-328至图2-331。

第二步，基本形态加工。

根据网格形状和尺寸，设计并加工基本形态单元。基本形态单元的大小与网格单元的大小最好是整倍数、半倍数等模数关系，基本形态单元要求有两种或三种，而且它们相互之间有近缘关系（如正负形、近似形、母子形关系）。

第三步，空间形态摆放。

利用第一步的平面格网，将第二步制作好的基本形态以及由这些基本形态拼接而成的复合形态，有规律地放置于网格之中，或立于网格的上空，所有形态放置的体积总量控制一般不要超过周围空隙总量的三分之一，而且形态放置应该有疏密的变化、注意其前后左右不同角度的立面构图效果，如图2-332至图2-335；然后，裁切大小为3厘米×7厘米的长方形小纸条，在纸条上写好作品的名称、作者的班级、姓名、学号、制作完成日期以及指导老师的姓名，并将纸条粘贴在作品底座的右下角。

第四步，作品视图绘制。

按照视图的基本表达原理，将最终的空间创意构成作品的顶视图（平面图）、前视图（正立面图）以及左侧视图（左侧立面图）按照一定的比例绘制在A4大小的绘图纸上，如图2-336所示。

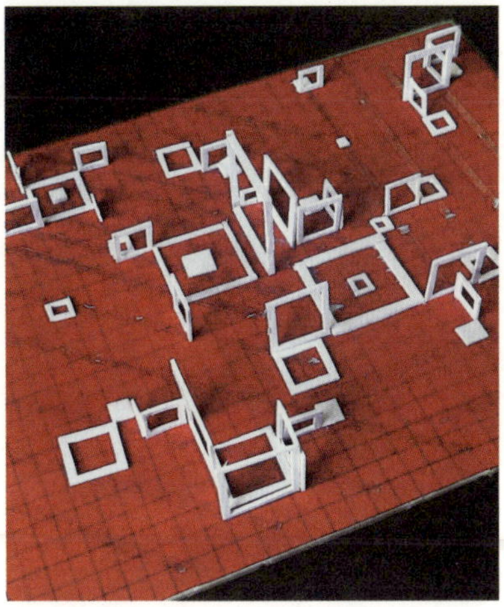

图 2-328　方格式网格单元 / 基本形态为相框形和正方形

图 2-329　方格式网格单元 / 基本形态为门框形和十字形

图 2-330　菱形网格单元 / 基本形态为平行四边形空框

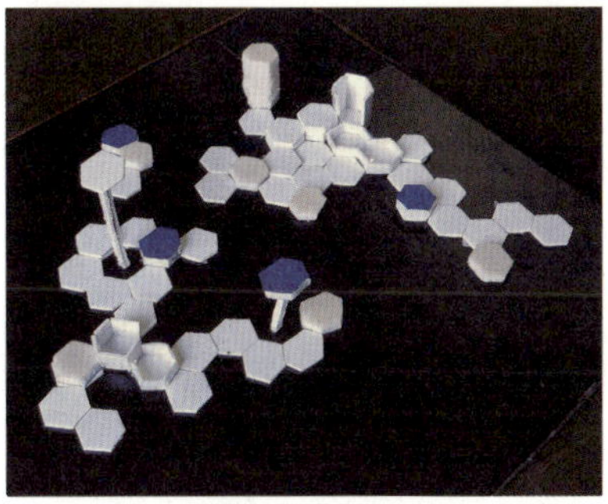

图 2-331　蜂巢形网格单元 / 基本形态为六边形和其空框

图 2-332　方格式网格单元 / 基本形态为正方框形

图 2-333　方格式网格单元 / 基本形态为矩形和正方形

图 2-334　方格式网格单元 / 基本形态为方形和三角形

图 2-335　同心圆网格单元 / 基本形态为圆形和圆弧形

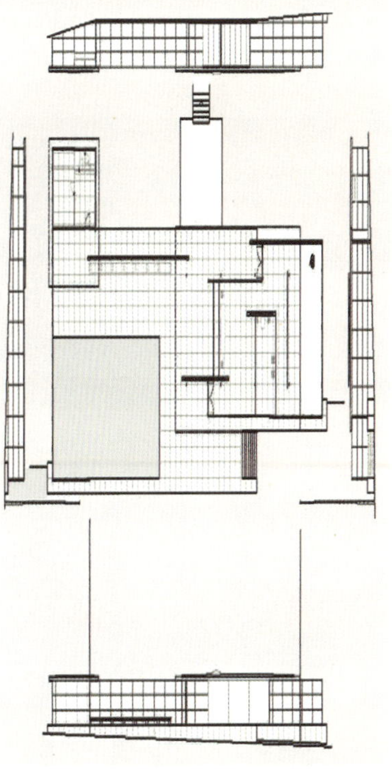

图 2-336　巴塞罗那世博会德国馆视图 / 密斯 / 1929

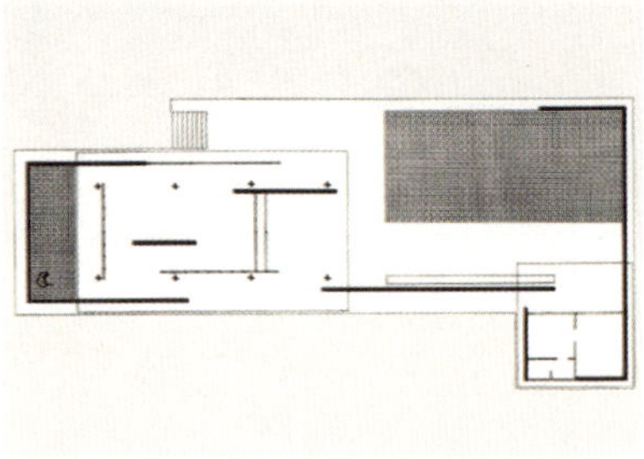

图 2-337 巴塞罗那世博会德国馆平面图

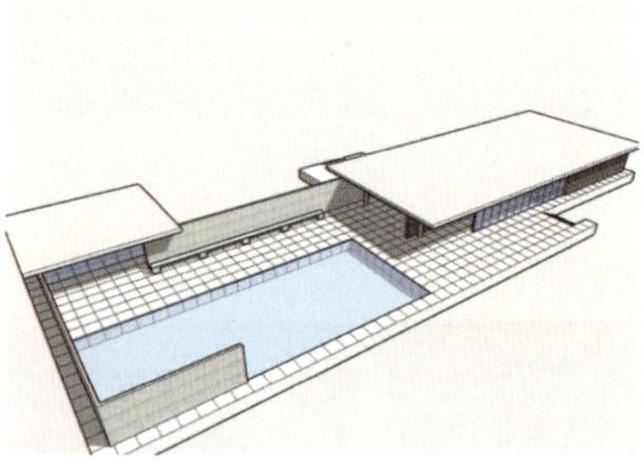

图 2-338 巴塞罗那世博会德国馆鸟瞰示意图

图 2-339 德国馆实景照片角度 1

图 2-340 德国馆实景照片角度 2

图 2-341 德国馆实景照片角度 3

③ 建议课时

12课时

④ 相关提示

指导老师在上一个训练项目结束时（本项目训练开始之前），要事先通知学生，多搜集或购买多种实物材料，以便在制作阶段可以根据实际需要有选择材料的余地，同时相关的加工以及制图工具也事先要准备好。

⑤ 评分标准

第一，空间组织具有整体性，空间形态、实体造型与基本形态单元具有很好的相关性，基本形态单元与格网的大小之间具有一定的模数关系，占40%。

第二，作品具有抽象形式美感和空间想象力，空间形态元素的组合具有特定的环境艺术氛围或文化内涵占50%。

第三，作品加工制作精巧，三视图整洁美观，占10%。

2）案例参考

① 空间创意构成案例一：巴塞罗那博览会德国馆空间设计

德国馆占地长约50米，宽约25米，由一个主厅、两间附属用房、两片水池、几道围墙组成。其室内空间采取一种开放的、连绵不断的空间划分方式，主厅用8根十字形断面的镀镍钢柱支撑一片钢筋混凝土的平屋顶，墙壁因不承重而可以一片片地自由布置，形成一些既分隔又连通的空间，互相衔接、穿插，以引导人流，使人在行进中感受到丰富的空间变化。其建筑形式处理以钢铁、玻璃等新建筑材料表现其光洁平直的精确的美、新颖的美，以及材料本身的纹理和质感的美。墙体和顶棚相接，玻璃墙也从地面一直到顶棚，而不像传统处理手法那样需要有过渡或连接部分，因此给人以简洁明快的印象。建筑物采用了不同色彩、不同质感的石灰石、玛瑙石、玻璃、地毯等，显示出华贵的气派。插图2-337至图2-347。

② 空间创意构成案例二：庭中望月

清代张潮《幽梦影》中的名句：“少年读书，如隙中窥月；中年读书，如庭中望月；老年读书，如台上玩月：皆以阅历之浅深为所得之浅深耳。”该空间创意构成作品即以张潮的这段名句中的“庭中望月”一词作为主题立意，以空间表现手法来呈现该主题意境。

作品以庭院、月亮、月洞门、赏月台、蟾宫折桂等为创意元素，以圆弧曲线作为基本形，以方形网格作为空间圆弧的定位，以月牙形雕塑造型为主体空间的构图中心，以一次性纸杯的圆弧面裁切作为竖向界面，形成了一个主次分明、层次递进、前后呼应、整体统一的序列空间构成。如图2-348至图2-353。

图 2-342 德国馆实景照片角度 4

图 2-343 德国馆实景照片角度 5

图 2-344 德国馆实景照片角度 6

图 2-345 德国馆实景照片角度 7

图 2-346 德国馆实景照片角度 8

图 2-347 德国馆实景照片角度 9

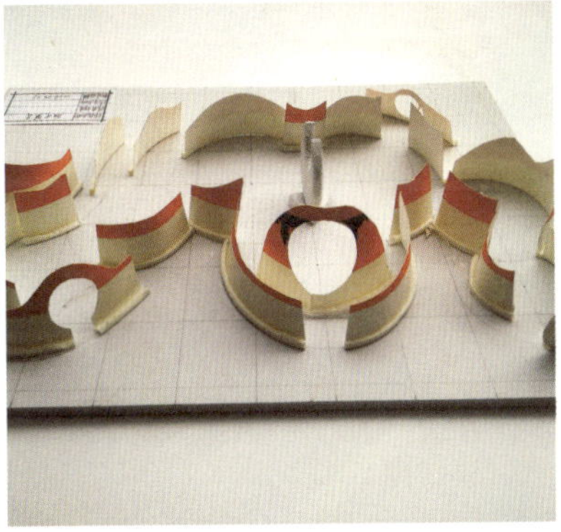
图 2-348 演示作品“庭中望月”1 / 编者制作 / 2020

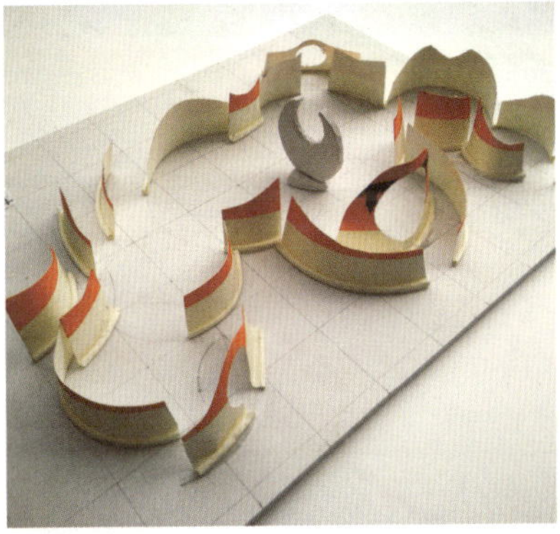
图 2-349 演示作品“庭中望月”2 / 编者制作 / 2020

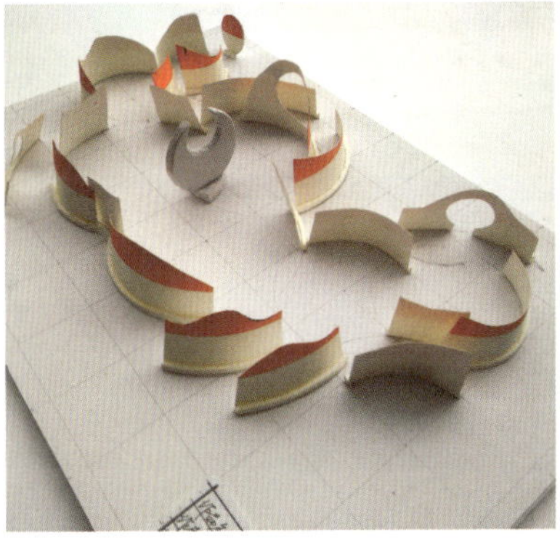
图 2-350 演示作品“庭中望月”3 / 编者制作 / 2020

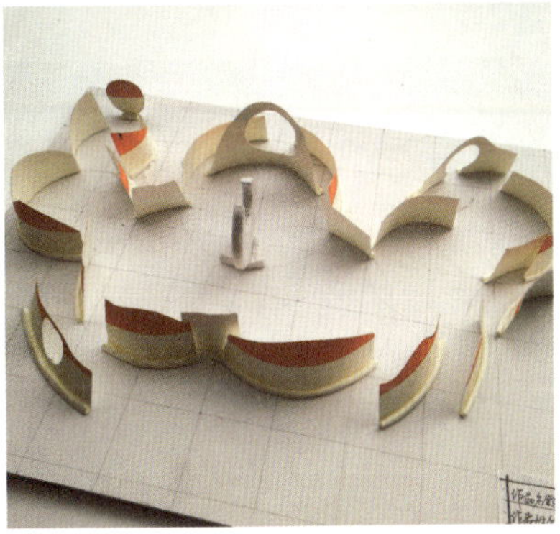
图 2-351 演示作品“庭中望月”4 / 编者制作 / 2020

图 2-352 演示作品“庭中望月”5 / 编者制作 / 2020

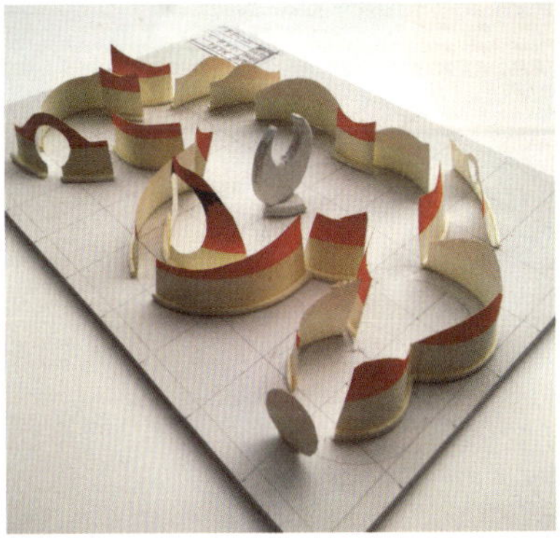
图 2-353 演示作品“庭中望月”6 / 编者制作 / 2020

③ 空间创意构成参考图片，图2-354至图2-389。

空间创意构成赏析

空间创意构成作品案例

图 2-354　空间创意构成学生作品 1 / 编者指导 / 2012

图 2-355　空间创意构成学生作品 2 / 龚雨 / 编者指导 / 2012

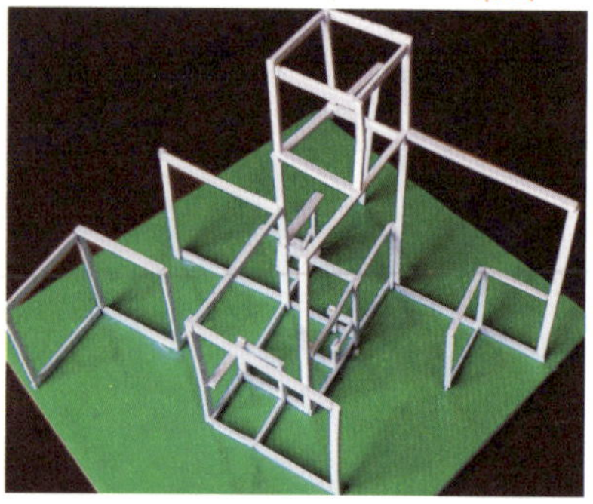
图 2-356　空间创意构成学生作品 3 / 佚名 / 编者指导 / 2012

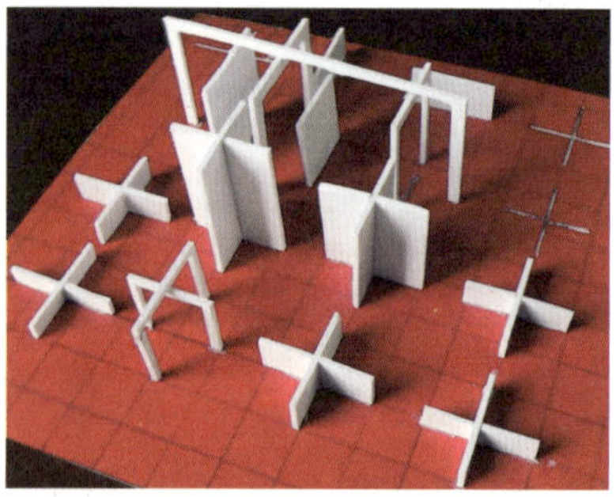
图 2-357　空间创意构成学生作品 4 / 佚名 / 编者指导 / 2012

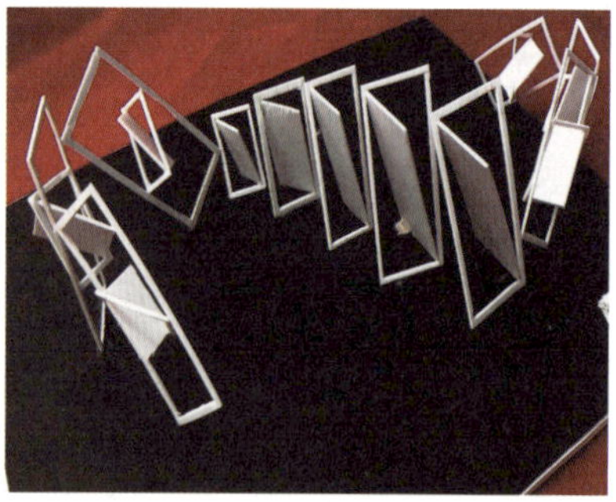
图 2-358　空间创意构成学生作品 5 / 何梦婷 / 编者指导 / 2013

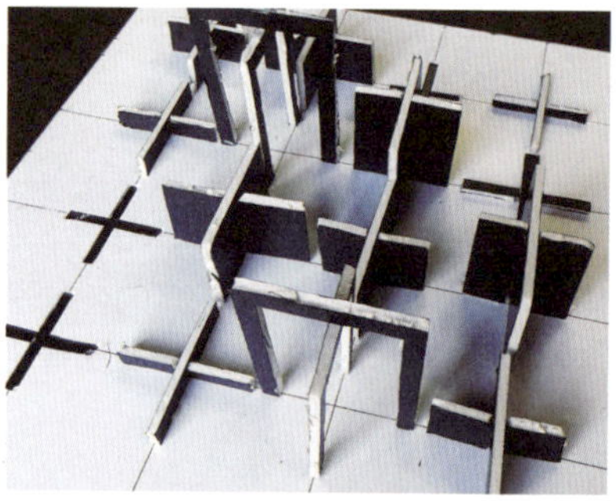
图 2-359　空间创意构成学生作品 6 / 佚名 / 编者指导 / 2012

图 2-360　空间创意构成学生作品 7 / 佚名 / 编者指导 / 2012

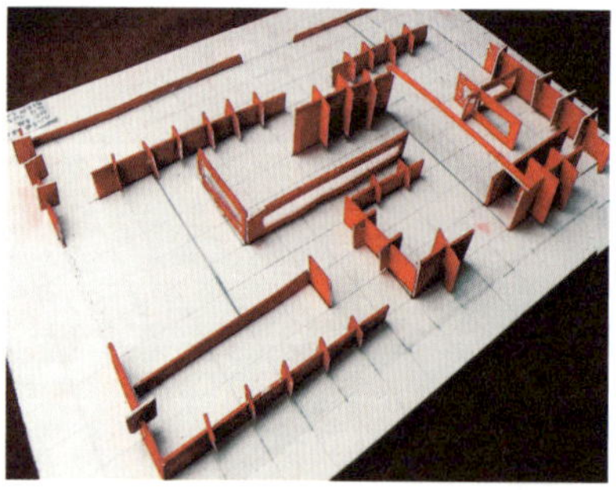
图 2-361　空间创意构成学生作品 8 / 李雅 / 编者指导 / 2013

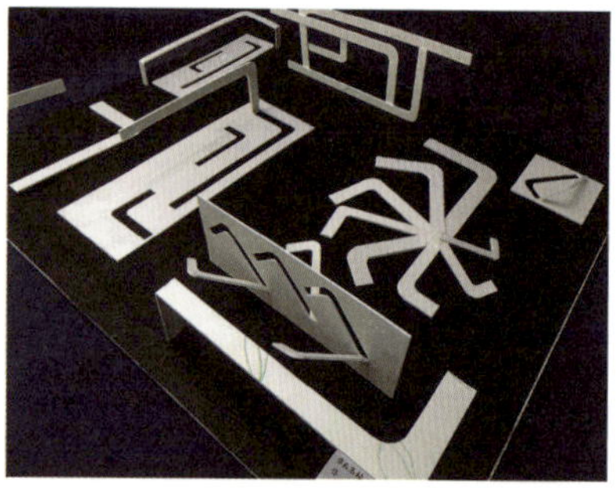
图 2-362　空间创意构成学生作品 9 / 陈新宇 / 编者指导 / 2013

图 2-363　学生课程作业 / 刘梦珂 / 张学凯指导 / 2014

图 2-364　学生课程作业 / 刘梦珂 / 张学凯指导 / 2014

图 2-365　学生课程作业 / 刘梦珂 / 张学凯指导 / 2014

图 2-366　学生课程作业 / 朱威 / 张学凯指导 / 2014

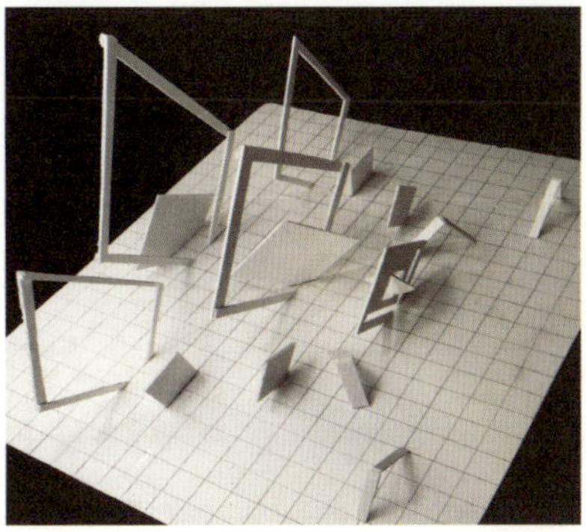

图 2-367　学生课程作业 / 陈德鹏 / 编者指导 / 2014

图 2-368　学生课程作业 / 王聪聪 / 编者指导 / 2014

图 2-369　学生课程作业 / 滕明星 / 编者指导 / 2014

图 2-370　学生课程作业 / 韦佩 / 编者指导 / 2014

图 2-371　学生课程作业 / 张赛男 / 编者指导 / 2014

图 2-372　学生课程作业 / 朱津娴 / 编者指导 / 2014

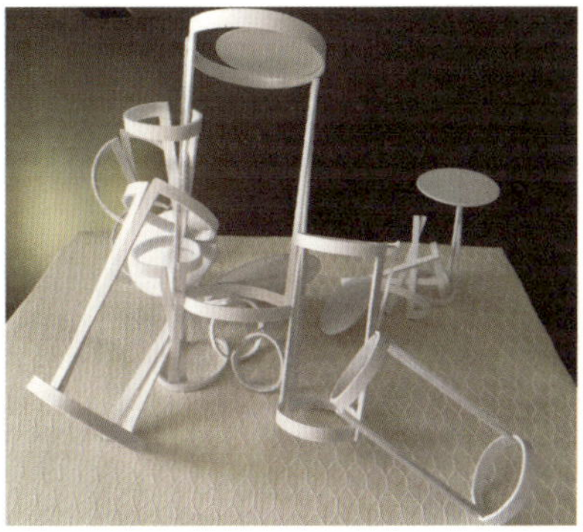

图 2-373　学生课程作业 / 林辉程 / 编者指导 / 2014

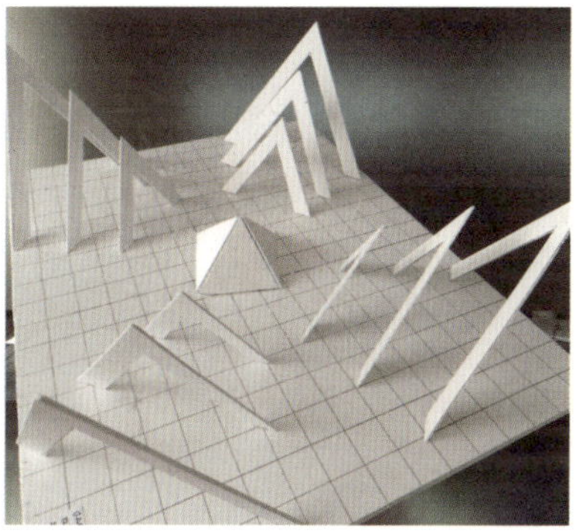

图 2-374　学生课程作业 / 施威 / 编者指导 / 2014

图 2-375　学生课程作业 / 张欣 / 编者指导 / 2014

图 2-376　学生课程作业 / 朱银娣 / 编者指导 / 2014

图 2-377　学生课程作业 / 唐小淋 / 编者指导 / 2015

图 2–378　空间构成装置品 / 中国美术学院 / 2019

图 2–379　杭州梦想小镇走廊空间 / 2019

图 2–380　杭州象山美术公社广场入口空间 / 2019

图 2–381　良渚博物院庭院空间 / 杭州 / 2019

图 2–382　杭州梦想小镇院落空间 / 2019

图 2–383　上海迪士尼公园曲线主题空间 / 2017

图 2–384　杭州塘栖谷仓博物馆入口空间 / 2019

图 2–385　江苏常州环太湖艺术城廊道空间 / 2018

图 2–386　江苏省第八届园博会 / 2013

图 2–387　中国第八届花博会 / 江苏常州 / 2013

图 2–388　钟表专卖店 / 上海 / 2008

图 2–389　环球动漫嬉戏谷 / 江苏常州 / 2012

3）相关知识

① 空间形态感知

空间形态即空虚的形态，空间既是无形的也是无限的，我们需要借助实体形态来分割空间，把实体表面当作空间范围界定的边缘（即空间的界面，包括顶界面、底界面和侧界面），使得无限成为有限，使得无形化为有形。空虚形态的本质是气的运动，也就是一种力象，力象与天象、气象的概念一样，它是指借助于立体形态呈现的虚空的组合状态，也就是力的形态化表现，即空间力象。基本空间力象形成有七种类型：（a）地载：即空间底界面。地载形态如过为平地，则给人轻松、自由、安全之感；如为高低起伏，则给人美的享受和轻松愉快之感，若陡峭崎岖则使人兴奋；如为台地，则具有开阔的视野，富于层次感，展示性强；如为斜地，则动感强，有强烈的流动感，并能限制封闭空间，如图2-390。（b）天覆：即空间顶界面。天覆如为平者：有明显得平面界线，领域性秩序性强。如为斜者：具有强烈的方向性，向高的一方扩展。如为隆起者：向心、收敛、内聚，拱形隆起具有流动感。如为下垂者：有离心扩散的态势，将人的视线引向外部。如为错落者：形式感觉类似错落与下垂，区域性很强。如为曲折者：纵向曲折有引导流动之势，横向曲折有起伏变化之感，形成延伸的空间张力，节奏感明显，如图2-391。（c）竖断：为空间的侧界面。它具有拦截隔断之力，造成封闭迂回之势。（d）设立：指中心限定的柱状体，为空间侧界面的一种。设立若与地载相结合，可以造就庄严雄伟、笼罩辐射之势；若与天覆相结合，具有凝聚挺拔、吸引收拢之力，如图2-392、图2-393。（e）夹持：为两个平行而靠近的竖断组合。它具有加速之力和分流作用，造成强烈的流动感。（f）合抱：为三个竖断的“U”形组合。它具有吸收容纳之量，造成拥抱、驻留之势。（g）围合：为四个竖断的“回”字形组合。它具有凝聚升腾之势和保守、待发的情态，但是完全围合的空间缺乏自由与生气。围合如为弯曲者：垂直于地面弯曲延伸，将空间分为内外，柔和而富于动感。如为倾斜者：与地面非直角相交，仰斜容易产生崇高、敬仰感；俯斜产生慈祥、亲切感；向内倾斜产生封闭感、庇护感；向外倾斜感觉开朗却沉重。

空间形态的感知

② 空间构成表达

根据上述空间感知原理，用材料来分割空间，形成不同的空间构成表达。按照材料的不同，可以分为线材空间构成、面材（板材）空间构成、块材空间构成以及综合材料空间构成。线材空间构成主要通过线群组合形成的虚面来分割空间，界面具有视觉通透性，形成空间之间的渗透效果，如图2-394至图2-399。面材空间构成比线材空间构成的空间边界要清晰，根据材料的透明度和使用的面材占有所分割空间的表面积比例不同，空间被限定的程度也不同，如图2-400至图2-403。块材空间构成比前二者显得要厚重，虚实对比更加明显，要注意其虚实的比例控制，一般虚多实少且注意虚实的穿插关系，如图2-404至图2-407。综合材料空间构成是指由任意两种以上材料形成的空间构成，为常见的类型。

空间构成表达

图 2-390　黄金樟木根雕茶盘 / 2010

图 2-391　上海浦东国际机场 / 2012

图 2-392　厦门革命烈士纪念碑 / 2012

图 2-393　江苏省第八届园博会 / 江苏扬中 / 2013

图 2-394 上海迪士尼主题公园 / 2017

图 2-395 常州环球动漫嬉戏谷展厅入口 / 2012

图 2-396 第八届中国花博会 / 江苏常州 / 2013

图 2-397 上海迪士尼主题公园 / 2017

图 2-398 杭州塘栖古镇雷迪森庄园 / 2019

图 2-399 环太湖艺术城 / 江苏常州 / 编者摄 / 2019

图 2-400 江苏省第八届园博会 / 扬中 / 2013

图 2-401 青岛啤酒博物馆走廊空间 / 2013

图 2-402　上海迪士尼主题公园 / 2017

图 2-403　展位空间 / 第一届世界设计大会 / 台北 / 2011

图 2-404　路劲城售楼处 / 江苏常州 / 2017

图 2-405　西太湖管委会展厅 / 江苏常州 / 2017

图 2-406　世界设计大会 / 台北 / 2011

图 2-407　象山艺术公社 / 杭州 / 2019

③ 空间序列构成

事实上，我们现实生活中的空间形态不可能是单一的一个空间构成，而是多个空间的组合。如我们从室外到教学楼一楼教室，要先室外进入经过教学楼的门厅，然后从门厅到走廊，再从走廊到教室，我们便经历了室外、门厅、走廊、教室等四个不同的但又前后紧密相连的空间，我们称这类前后紧密相连的数个空间为系列空间，或称为空间序列，如图2-408至图2-421所示。空间序列按照前后空间的变化情况不同，分为简单重复空间序列、渐变空间序列以及突变空间序列等三类。简单重复空间序列是指空间构成的基本元素、空间的大小以及空间的间距都是一样，如图2-409所示的展示空间。渐变空间序列是指空间构成的基本元素、空间的大小或空间的间距等呈现有规律性的变化，如图2-412所示的廊道空间。突变空间序列是指空间构成的基本元素、空间的大小或空间的间距等呈现突然性的变化，如图2-411所示的观景台空间。

图 2-408 常州环球动漫嬉戏谷入口外广场空间序列 / 2012

图 2-409 江苏省第八届园博会展示空间序列 / 扬中 / 2013

图 2-410 江苏省第八届园博会（空间序列）/ 扬中 / 2013

图 2-411 空间创意课程作业（空间序列）/ 闫薪如 / 2013

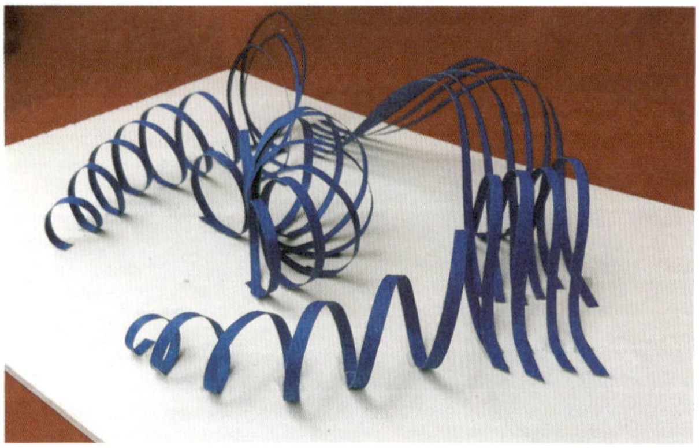

图 2-412 空间创意课程作业（空间序列）/ 陈梦晓 / 2013

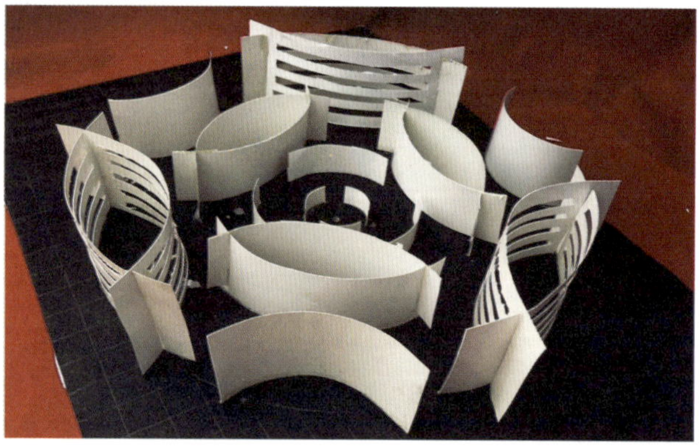

图 2-413 空间创意课程作业（空间序列）/ 戴蕊 / 2013

图 2-414 空间创意课程作业（空间序列）/ 郭伊曼 / 2013

图 2-415 空间创意课程作业（空间序列）/ 秦晔 / 2013

图 2-416　空间创意课程作业（空间序列）/ 刘威 / 2013

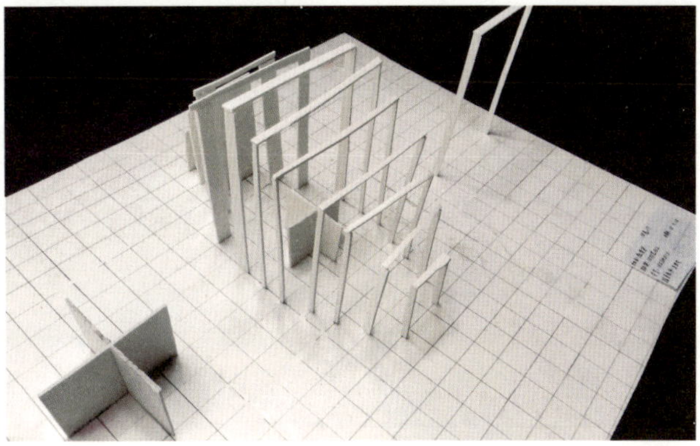

图 2-417　空间创意课程作业（空间序列）/ 陆凌贤 / 2013

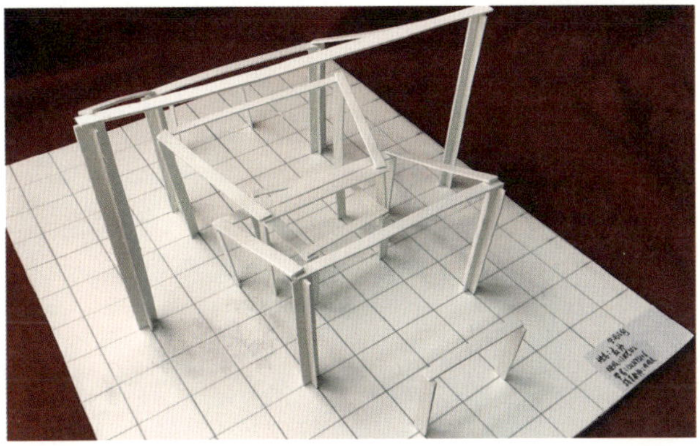

图 2-418　空间创意课程作业（空间序列）/ 孟帅 / 2013

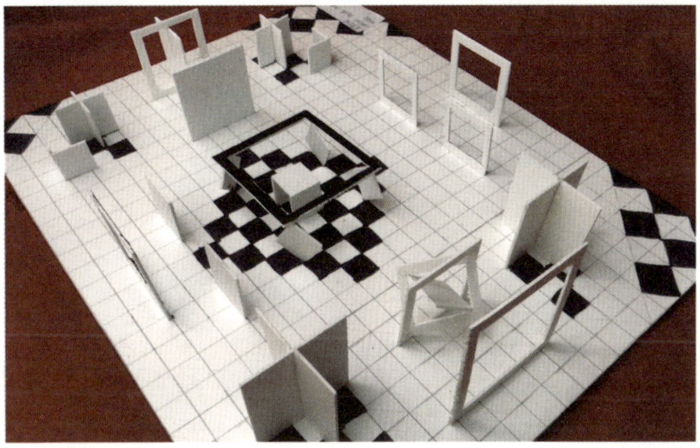

图 2-419　空间创意课程作业（空间序列）/ 兰红武 / 2013

图 2-420　空间创意课程作业（空间序列）/ 殷新科 / 2013

图 2-421　空间创意课程作业（空间序列）/ 张瑜 / 2013

2. 训练项目二：经典演绎构成

所谓“经典”是指经过了时间考验的、得到了大多数人认可的脍炙人口的好作品。所谓“经典演绎构成”是指在分析和理解经典设计作品的基础上，以形式演绎的表现手法，通过抽象构成的表达方式，用简易材料加工成的既具有原作意韵同时又不同于原作的新的立体造型作品。

经典演绎构成任务　　经典演绎构成制作演示

1）作业要求

① 作业内容

通过对某一件经典作品的仔细分析，分析其整体或特征局部特征中线元素、面元素、块元素等的形式分布规律，并以适当的简易材料经过一定的加工手段，通过提炼、简化、变形、解构、重构等方法，加工成具有抽象形式美

图 2-422 胡夫金字塔群 / 埃及

图 2-423 古罗马斗兽场 / 意大利

图 2-424 新德里莲花教堂 / 印度

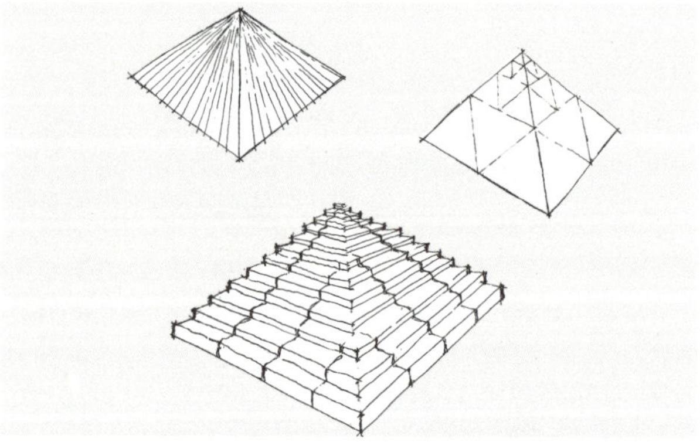

图 2-425 金字塔演绎草图 / 李米绘制 / 编者指导 /2013

感的构成作品。或者是根据原有作品的造型特征，以材料形式转换（如以线材表现面的造型特征、以面材表现线的特征等）的方式重新诠释原作而加工成的立体作品。

② 进行步骤

第一步，挑选经典作品。

要寻找和挑选一定数量（五个以上）的设计作品图片，要求作品的特色鲜明、形式感强，每个作品最好具有不同角度的多张图片，如图2-422至图2-424。

第二步，绘制构成草图。

根据老师的指导意见，在上述作品中选定两件作品作为形态研究对象，以钢笔画的形式将其主要的形态特征进行简化、概括的表达，可以在原来形态特征的基础上适当的夸张、变形或形式转换，每件作品分别完成3张不同的构成草图（分别以线、面、块为特征），如图2-425。

第三步，加工立体单元。

根据第二步的构成草图，选择最为满意的一张，利用课前准备的合适的材料（线材、面材、块材）进行立体单元的加工试制作。立体单元以简洁为宜，既要抓住演绎作品的整体或明显的局部特征，又要加入自己的新的理解，如图2-426至图2-429。

第四步，作品演绎加工。在第三步立体单元试制的基础上，运用同形异构演绎、同神异构演绎及解构演绎的手法，进一步完成作品的加工。制作过程中可以根据美感需要不断地调整立体单元的数量和排列组合方式，直至较为理想的整体效果。最后，裁切大小为3厘米×7厘米的长方形小纸条，在纸条上写好作品的名称、作者的班级、姓名、学号、制作完成日期以及指导老师的姓名，并将纸条粘贴在作品底座的右下角。

第五步，绘制三向视图。

③ 建议课时

10课时

④ 相关提示

指导老师在上一个训练项目结束时（本项目训练开始之前），要事先通知学生，提前收集有关专业的经典作品图片，并准备好相关材料以及工具。

⑤ 评分标准

第一，选择的演绎作品个性和特色鲜明，演绎创意与原作品具有较好的相关性，同时又具有自己的理解，占50%。

第二，演绎的构成表达具有抽象形式美感和想象力，作品加工制作精巧，占40%。

第三，视图表达完整准确，占10%。

2）案例参考

① 经典演绎构成案例一：十七孔桥

北京颐和园十七孔桥是一座长150米的17孔联拱大石桥，飞架于南湖岛和廊如亭之间，如图2-430。本次演绎构成创作即以此桥为参考，主要是借鉴其桥洞的拱券形式特征，运用解构（打散重构）手法来创作新的立体造型。演绎构想为：原来“十七孔桥”的十七个拱券为整体长直线排列造型，拱券从桥的两端到中间逐渐加高而富有韵律感，本次创作拟将其十七个拱券解构为五个桥段（各桥段分别含有5拱、2拱、3拱、2拱以及5拱等）,各相邻拱券之间联接均呈弧线排列，各桥段之间有高低变化、宽窄变化或者正反向弧线变化，整个新

图 2-426　金字塔演绎构成 / 何梦婷制作 / 编者指导 / 2013

图 2-427　金字塔演绎构成 / 李秋颜制作 / 编者指导 / 2013

图 2-428　金字塔演绎构成 / 孟帅制作 / 编者指导 / 2013

图 2-429　金字塔演绎构成 / 张浩制作 / 编者指导 / 2013

图 2-430　颐和园十七孔桥 / 北京 / 引自昵图网

图 2-431　演绎构成作品“十七孔桥”展示角度 1 / 编者演示 / 2020

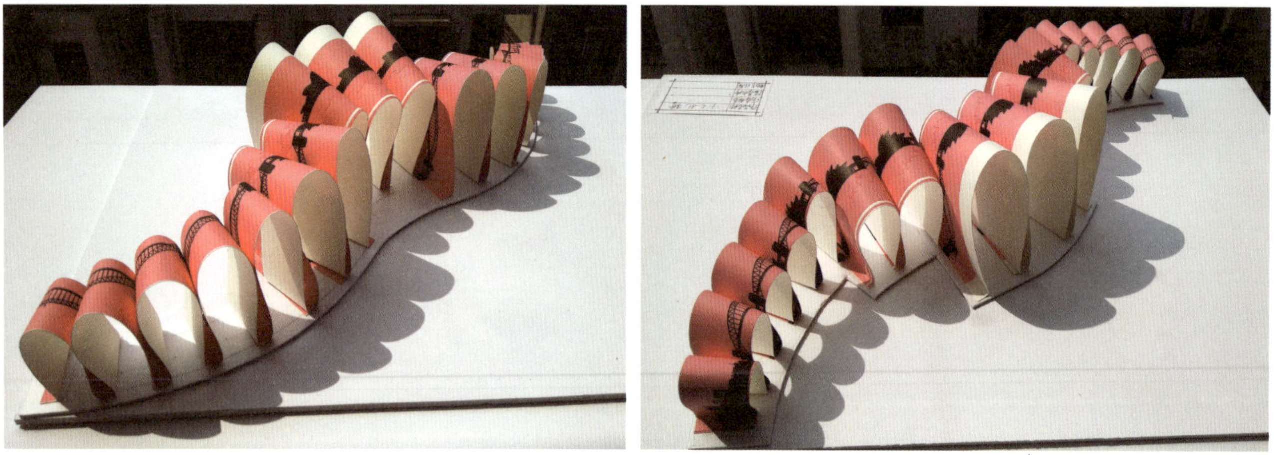

图 2-432、图 2-433　演绎构成作品“十七孔桥”展示角度 2、3 / 编者演示 / 2020

图 2-434 至图 2-439　巴黎卢浮宫扩建工程“玻璃金字塔”入口 / 贝聿铭 / 1979

十七孔桥的造型显得丰富而统一。如图2-431至图2-433。

② 经典演绎构成案例二：巴黎卢浮宫扩建入口“玻璃金字塔”

巴黎卢浮宫扩建入口工程是贝聿铭的一个著名作品，如图2-434至图2-439。为了处理好与原有传统建筑的矛盾，贝聿铭将入口放在卢浮宫的庭院中央，将入口建筑处理成一个边长35米、高21.6米的玻璃金字塔。金字塔的形态简单而突出，符合入口建筑的要求，同时金字塔形态具有原始的简朴特质又与卢浮宫文艺复兴的传统建构有相通之处，再加上清澈透明的全玻璃结构形成的通透视觉感，它不但没有破坏卢浮宫的整体性反而强化了地下展厅与周围环境的关系。大型玻璃金字塔的南北东三面还有三座五米高的小玻璃金字塔作点缀，它们与七个三角形喷水池汇成平面与立体几何图形的奇特美景，被人们称赞为“卢浮宫院内飞来了一颗巨大的宝石”。

从构成的角度分析，玻璃金字塔是贝聿铭以面材和线材结合的方式重新演绎了古埃及金字塔的造型。

③经典演绎构成参考图片，图2-440至图2-448。

经典演绎构成作品案例　　经典演绎案例赏析

图 2-440“钟楼”演绎教堂钟楼及玫瑰窗 / 姚舜禹等制作 / 邬烈炎、施煜庭指导 / 2016

图 2-441　“梦露大厦”演绎加拿大的 Absolute Towers/ 金婷制作 / 张学凯指导 / 2014

图 2-442　中国古典建筑木构件的文字立体化演绎 / 南京博物院 / 2014

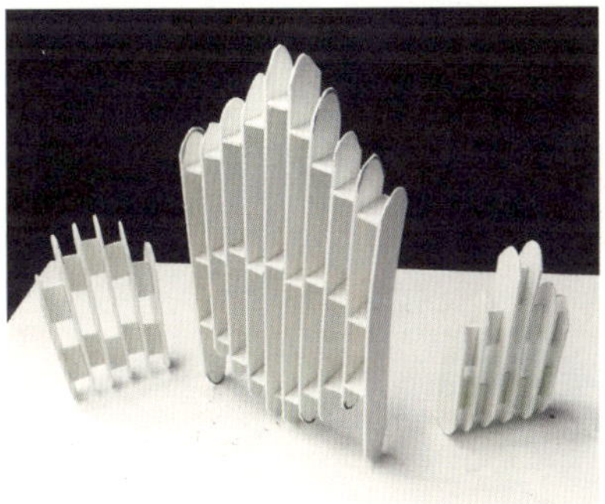

图 2-443　台北南港办公大楼演绎构成 / 蒋秋霞制作 / 编者指导 / 2012

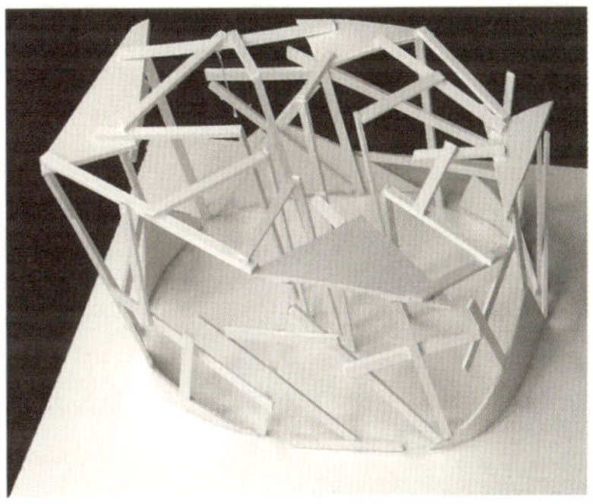

图 2-444　“鸟巢”演绎构成 / 陈德鹏制作 / 编者指导 /2013

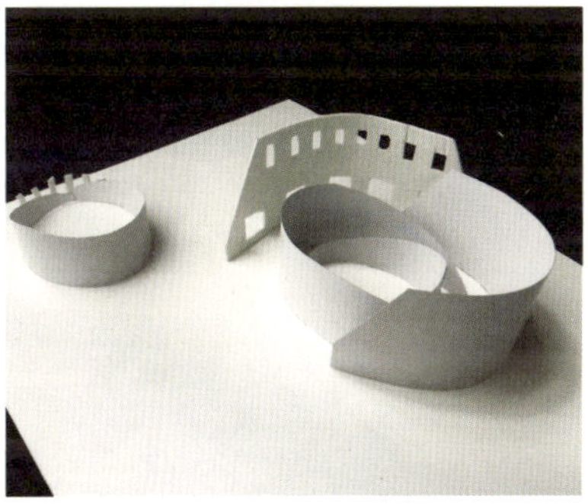

图 2-445　古罗马斗兽场建筑演绎构成 / 陆凌贤制作 / 编者指导 / 2012

图 2-446　中国宝塔演绎构成 / 闫薪如制作 / 编者指导 / 2013

图 2-447　迪拜塔演绎构成 / 戴蕊 / 制作 / 编者指导 / 2012

图 2-448　CCTV 大楼演绎构成 / 兰红武制作 / 编者指导 / 2013

3）相关知识

① 经典作品介绍之一：美国国家美术馆东馆介绍

美国华盛顿特区的国家美术馆东馆（简称东馆），也是贝聿铭的得意之作。在比较难处理的斜角梯形的基础平面上，贝聿铭巧妙地以两个三角形进行平面布置，既处理了东馆与老图书馆及环境的关系，又解决了自身的功能问题。贝聿铭将这座建筑的整个构思以三角形为体块母题，没有一般的矩形空间，但整体造型庄重典雅，如图2-449至图2-454。

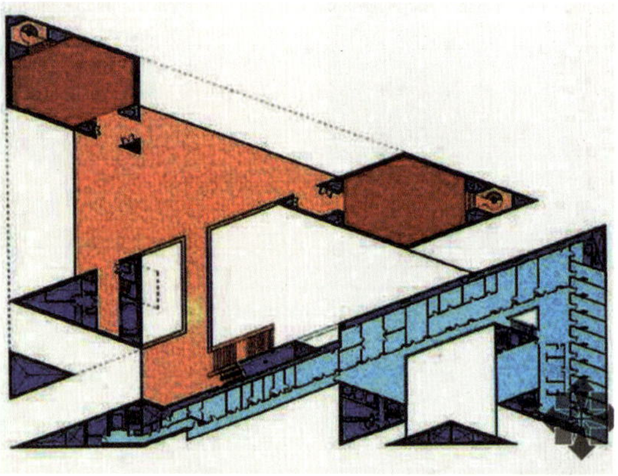
图 2-449　美国国家美术馆东馆平面图

图 2-450　美国国家美术馆东馆室内

图 2-451　美国国家美术馆东馆鸟瞰图

图 2-452　美国国家美术馆东馆主入口立面图

图 2-453　美国国家美术馆东馆次入口立面图

图 2-454　美国国家美术馆东馆次侧立面图

② 经典作品介绍之二：流水别墅

流水别墅是美国现代主义设计大师美弗兰克·劳埃德·赖特（Frank Lioyd Wright，1867—1959）为卡夫曼家族设计的别墅，是世界最著名的现代建筑之一。别墅直接建在山沟溪流之上，建筑外观通过悬挑的钢筋混凝土阳台的纵横穿插形成了与沟旁岩石融为一体的视觉效果，别墅设计以一种疏密有致、虚实相间的方式将建筑和山石、流水、树木以及室内外空间交融成诗一般的整体。该建筑外观的人工几何造型与山石的天然造型之间形成了一种“天人合一”的构成视觉整体，如图2-455至图2-459。

图 2-455 至图 2-459　流水别墅 / 美国宾夕法尼亚州 / 赖特 / 1936

③ 经典作品介绍之三：上海世博会法国馆介绍

上海世界博览会法国馆外观被一种新型混凝土材料制成的线网“包裹”，仿佛“漂浮”于地面上的“白色宫殿”，尽显未来色彩和水韵之美。法国馆的中心是一座法式园林，是由法国景观设计师打造的“凡尔赛花园”，屋顶被绿色所覆盖，绿意盎然、动感十足。参观者可以在阳光和水的环绕中享受美食带来的味觉、庭院带来的视觉、清水带来的触觉、香水带来的嗅觉以及老电影片段带来的听觉等感性元素，如图2-460至图2-465。

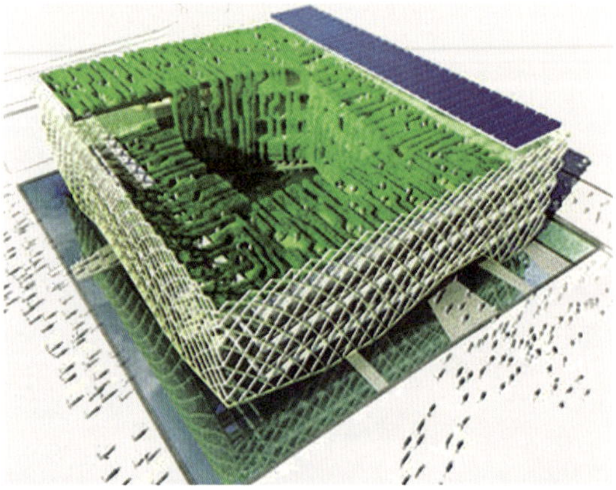
图 2-460　法国馆鸟瞰效果 / 上海世博会 / 2010

图 2-461　法国馆立面效果 / 上海世博会 / 2010

图 2-462　法国馆内部庭园 1 / 上海世博会 / 2010

图 2-463　法国馆内部庭园 2 / 上海世博会 / 2010

图 2-464　法国馆夜景效果 / 上海世博会 / 2010

图 2-465　法国馆外墙局部 / 上海世博会 / 2010

④ 材料结构要素

材料受力方式。地球上的任何自然体，都要承受因为地球引力所带来的自身重量。如果是人造物体，除了自身的重量有时还需要承受额外的重量。这两种情况都会产生力的作用，称之为“受力”，我们把造型中的受力部分称为结构件。我们制作立体构成的材料，至少要满足支撑本身造型的受力要求，这样的立体才能真正立起来。因此，我们需要了解材料的受力方式与结构，材料的基本受力方式有受压以及受拉两种，由此产生的基本受力结构有墙柱式、梁架式、拱券式、下悬式以及斜拉式五种，如下图所示。

- 材料受力方式
  - 受压
    - 墙柱式：砖、木、竹、石、金属、钢筋混凝土墙柱等
    - 拱券式：叠涩拱、楔形成拱、整体拱
    - 梁架式：木、石、金属、钢筋混凝土
  - 受拉
    - 下悬式：金属杆件、绳索类、藤条等
    - 斜拉式：金属杆件、绳索类、藤条等

材料结构要素

材料结构造型。自然物体都是各种自然力的作用结果，其受力结构和造型之间具有高度的统一性。人类社会早期的造物和各种以功能为主的造物，由于没有多余的装饰，所以其受力结构和造型表现之间也是一致的。我们可以利用这种结构和造型的统一性原理，采用结构元素的本身形态来创造新的立体造型。如图2-466是各种拱券的结构造型，这些结构本身已经具有很强的形式特征，既是结构要素也是形式要素，它们也因此成为分辨西方古典建筑的符号标志和遗传密码。中国古代的木构建筑是木结构体系中非常成熟的典型，是世界古代建筑的重要组成。如图2-467、图2-468为中国古代建筑木结构体系，它是由木柱、斗拱以及梁架共同构成的木框架结构。各种斗拱是联系屋顶木梁架结构体系和木柱的重要构件，斗拱的向外悬挑还可以使得屋檐尽量往外伸展，以避免檐口的落水侵蚀木构件，因此斗拱既是重要的结构件同时也是重要的装饰件。如图2-469、图2-470，是现代桥梁设计中较为常用的两种结构形式，分别是悬索桥和斜拉桥，它们既是一种受力结构形式，同时又富有美感，是功能、结构和审美的统一。

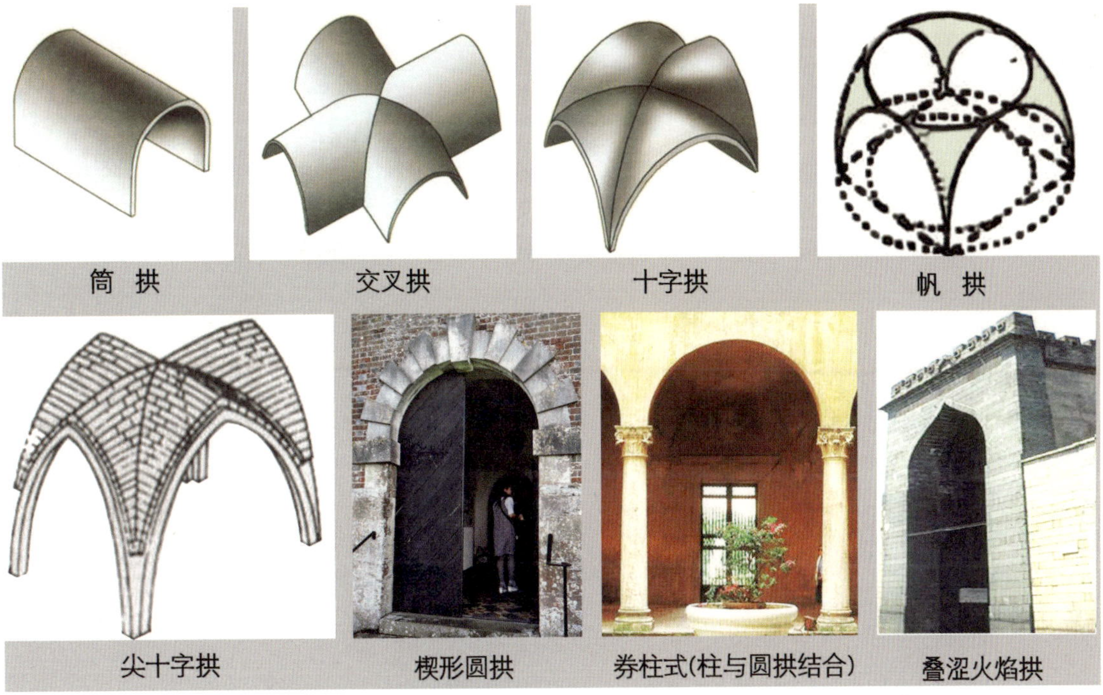

图 2-466 各种拱券结构的型，这些结构本身已经具有特征，既是结构要素也是形式要素

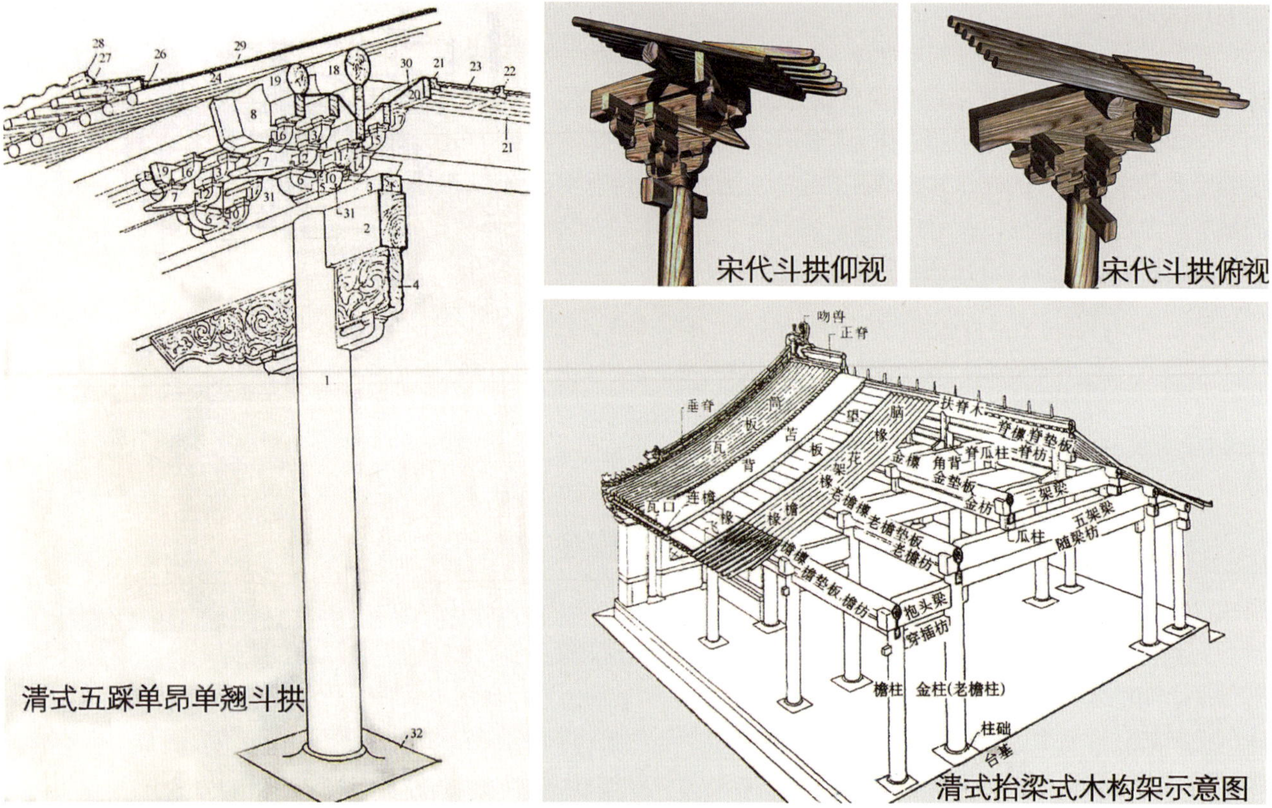

图 2-467　中国古代建筑木结构体系是由木柱、斗拱以及梁架共同构成的木框架结构

材料连接方式。人工造物或立体构成的结构中，结构材料之间的连接形式与连接强度是两个重要的方面，连接形式与造型的美感密切相关，连接强度与立体造型的质量密切相关。如图2-471，材料的结构连接形式根据两个相邻材料之间受力的接触面的大小不同可以分为点联接、线联接、面联接以及块联接（如图2-468“榫卯”）四种。点联接是指两个相邻材料之间受力的接触面为较小的点状，点联接因为受力面比较小所以一般采用强度较高的结构方式，包括点式焊接、铆钉连接、螺钉连接、串珠穿线连接、绳结连接、暗销钉连接以及点插入连接等。线联接是指两个相邻材料之间的受力接触面呈线状分布，包括线式焊接、绑扎连接、胶粘连接、线缝连接、编织连接、杆件连接、轴接连接、卡接连接、线缠绕连接、挂钩连接以及套环连接等。面联接是指两个相邻材料之间的受力接触面比较大而呈面状分布，包括胶粘（强力胶水、双面胶、乳胶、海绵胶等）连接、吸盘连接以及插接连接等。块联接是指两个相邻材料之间的受力接触面不止一个而呈块状交接，包括各类榫卯连接、螺杆连接、楔形拱连接以及球节点连接等。

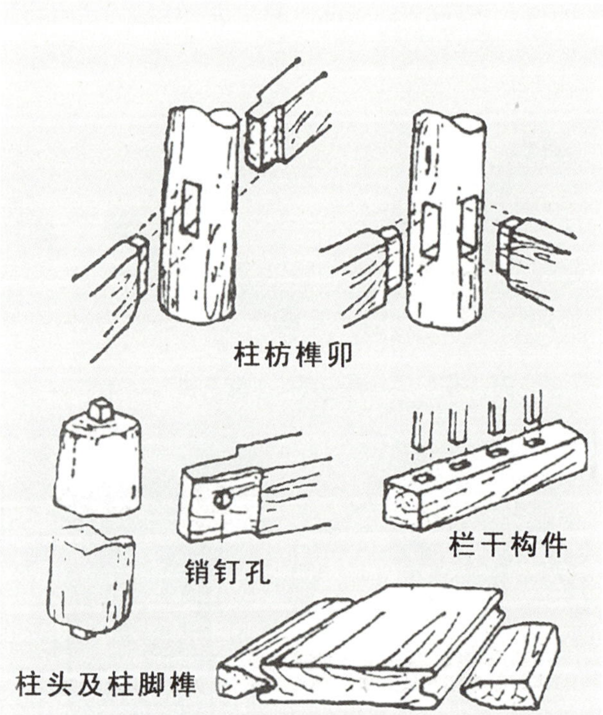

图 2-468　浙江余姚河姆渡遗址榫卯构件

图 2-469 悬索受力结构 / 润扬长江大桥 / 2014

图 2-470 斜拉受力结构 / 青岛五四广场 / 2013

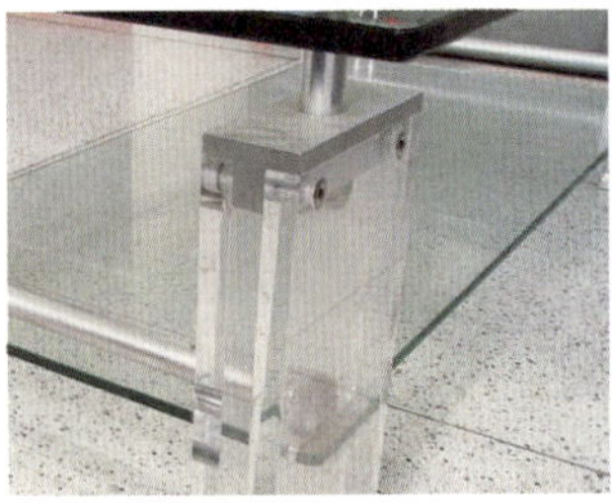
点联接（螺钉）

点联接（穿线）

点联接（绳结）

点联接（点焊接）

点联接（暗销钉）

线联接（绑扎）

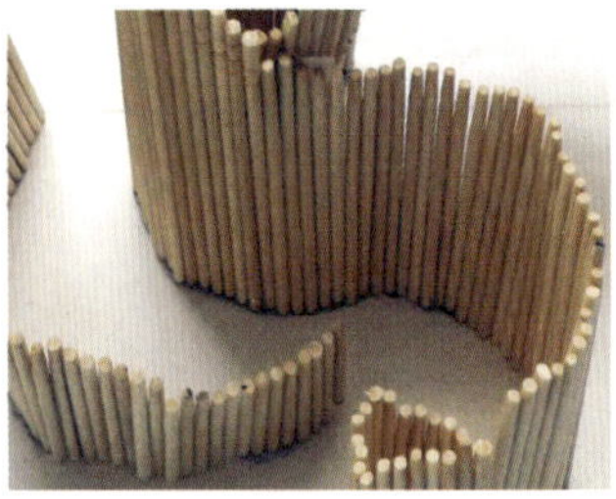
线联接（胶粘）

线联接（线缝）

线联接（编织）

线联接（杆件）

线联接（轴接）

线联接（卡接）

线联接（套环）

面联接（胶粘）

面联接（吸盘）

面联接（插接）

块联接（榫卯）

块联接（螺杆）

块联接（球节点）

块联接（楔形拱）

图 2-471 材料的结构联接形式

图 2-472 上海世博会中国馆

⑤ 形式演绎手法

对优秀作品的模仿和借鉴，是提升设计师设计能力和设计品位的重要途径，尤其对于初学者是必须经过的一个重要过程，常见的形式演绎手法包括同形异构演绎和打散重构（解构）演绎等手法。

形式演绎手法

同形异构演绎。根据原有作品的造型特征，分析其整体或特征局部特征中线元素、面元素、块元素等的形式分布规律，以材料转换（如以线材表现面的造型特征、以面材表现线的特征等）的方式重新诠释原作，或者将原有作品中特征十分明显的局部造型加以简化抽象或夸张处理后形成与原作相似的形态，称为同形异构演绎。如贝聿铭设计的巴黎卢浮宫“玻璃金字塔”入口造型，就是一次非常成功的对于古埃及金字塔的同形异构演绎，我们可以认为玻璃金字塔是用线材（金属支架）和面材（玻璃）代替了古埃及金字塔的块材（石块）的同形异构，也是一次有趣的虚实转换（古埃及金字塔的“实”转化为玻璃金字塔的“虚”）。如图2-322所示，该作品是关于金字塔的又一种同形异构演绎的尝试，很有意味，作品以纸的切割和折屈加工十分概括地将金字塔的四个三角面简化为三个三角面，每个单体造型因为减少金字塔的一个面而有了虚实的变化和空间的生成，同时四个大小变化的单体造型的向心序列性组合让作品有了整体感。

同神异构演绎。通过对某一件或某一类型典型作品的深入研究，感悟出作品的神韵，领悟其造型的意境构成，然后以新的材料、新的造型重新演绎原作意韵的方式，称为同神异构演绎。如被誉为“中国塔”的上海金茂大厦（图2-472），为主楼88层高度420.5米的著名摩天大楼，以其设计理念中对于中国古塔外观形象的成功现代转译，成为上个世纪最重要的当代建筑代表。该设计方案由美国芝加哥SOM建筑设计事务所完成，该所总建筑师Adrian D. Smith说：“我在研究中国建筑风格的时候，注意到了高层建筑源于塔，中国的塔又是源自印度，但融入了中国文化和艺术。设计时，我取宝塔神韵，试图创造一个举世无双的形象。”其建筑造型成功借鉴了中国古塔外观造型中的节奏和韵律关系，就像竹子的竹节联结关系，金茂大厦每相邻数层形成一组即一个抽象的“建筑竹节”，建筑竹节端部膨大的造型借鉴古塔檐部的叠涩处理手法，建筑竹节尺寸向上伸展逐渐缩短缩小直到高耸入云的塔尖。对密檐塔轮廓的巧妙抽象和与超高层建筑巨型结构体系的巧妙结合造就了该建筑的美艳绝伦，是立体构成同形异构手法的经典运用。

被誉为“东方之冠”的中国馆（图2-473）是上海世博会的标志性建筑之一,其造型是对于中国传统建筑大屋顶的一种再创造，其对于结构和装饰完美统一的中国古代建筑特色构件——斗拱的抽象化和夸张化表现，是立体构成同形异构手法在中国建筑创新中的运用。该建筑创作以抽象而夸张的斗拱造型为主要表现元素，再结合中国字画中的印章元素和中国色彩体系中沉稳的“故宫红”的运用，表达了“东方之冠，鼎盛中华，天下粮仓，富庶百姓”的设计理念，诠释了中国文化的精神与气质。

图 2-473 上海世博会中国馆，编者拍摄

图 2-474　古根海姆美术馆 / 弗兰克 · 盖里 / 1997

打散重构（解构）演绎。结构主义强调的是结构完整统一性，个体构件是为总体的结构服务的。而解构主义则认为个体构件本身就是重要的，因而对单独个体的研究比对于整体结构的研究更重要。弗兰克 · 盖里是解构主义最有影响力的建筑师，他设计的古根海姆美术馆引起了很大的轰动（图2-474）。他的设计反映出对整体的否定和对于部件的关注，他的设计手法似乎是建筑的整体肢解，然后重新组合，形成不完整，甚至支离破碎的空间造型。这种破碎产生了一种新的形式，具有更加丰富也更为独特的表现力。图2-475所示是金华建筑艺术公园的阅读室（禅空间），由瑞士著名设计师赫尔佐格与德穆隆组合设计，该作品外观为一立方体，但在该立方体的每个面以中国传统屏风或窗花图案装饰并向立方体内部延伸为大小、深浅不同的阅读空间，该造型我们也可以解释为将图案进行了立方体的折叠而成。图2-476是浙江宁波鄞州公园的一处茶室，由中国美术学院的王澍教授设计，6米高外墙表面造型是由中国传统窗花图案冰裂纹演化而成。图2-477、图2-478是中国算盘的解构，成为公园游乐设施。由上述案例我们可以归纳出解构主义演绎的基本手法，先要找到传统或现代作品中与拟设计的作品相关的特色元素，然后将这些元素通过打散分解（分解的程度是要求分解后的子形还具有一定的可辨别性）、表皮折叠（有规律、有秩序的三维空间折叠）、拓扑变形（对母形元素局部的放大拉伸或缩小挤压）等方法得到各种新的造型元素，再将这些新的造型元素的全部或者部分加以重新组合，最终形成具有抽象形式美感的新立体造型。

图 2-475　金华建筑艺术公园的阅读室（禅空间）/ 赫尔佐格与德穆隆设计 / 2006

图 2-476　宁波鄞州公园茶室 / 王澍设计 / 2005

图 2-477、图 2-478　算盘造型解构成的公园游乐设施小品 / 西安大唐芙蓉园 / 2012

3. 训练项目三：主题创意构成

主题是指文艺作品中或者社会活动等所要表现的中心思想，泛指主要内容，如红色主题教育。所谓“主题创意构成”是指以某一事先确定的主题思想作为内核，所发展出来的立体或空间创意形式，并用适当材料来加工而成的既具有主题意韵又具有形式美感的造型作品。

主题创意构成任务及案例分析

主题创意构成制作演示

1）作业要求

① 作业内容

通过对某一主题进行多纬度分析，从各个思维的角度中寻找出可以物化或形象化的视觉元素，然后结合主题将这些视觉元素以线材、面材、块材或综合材料等加工成具有主题内涵同时又具有抽象形式美感的构成作品。

② 进行步骤

第一步，确定初步主题。

设计主题大致可以分为两大类：一类为抽象（形式）主题，如“腾飞”“交融”“圆融”“无限扩张”“电子时代”等；另一类为意象（意境或内涵）主题，如文学诗词、哲言警句、文化符号、生命体验、人生感悟、生活场景、绘画意境等。构成主题的确定，由每个学生先提出五个以上的主题题目，再由课程指导老师结合学生的初步思考来定准备要做的主题，每个学生可以定两个初步主题。

第二步，主题创意构思。

根据确定的两个初步主题，展开相关的内涵挖掘以及天马行空式的发散性联想。如以“海洋”主题展开的相关思路：有平静深邃的蓝色气质；有各种漂亮的海洋动物，如海贝类、观赏鱼类、聪明可爱的海豚、凶猛的鲨鱼、稳重的海龟等；有金色的沙滩、帐篷、遮阳伞；有汹涌的波浪、曲线……这些思路的记录最好是即时的、图文结合的，文字要逐渐归类和整理成分支图，最后形成主题构思方案，如图2-479至图2-482。

第三步，制作构成单元。

根据第二步的两个主题创意构思方案，选择较为满意的一个，考虑创意构成基本单元的试制作。创意基本单元的造型应以简洁为宜，同时要考虑与主题的契合程度，基本单元可以考虑用线材（图2-483）、面材

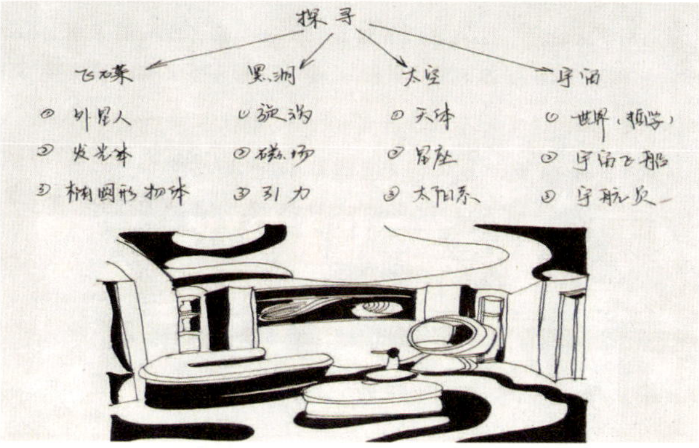

图 2-479 “探寻”主题构思方案 / 朱惠媛 / 编者指导 / 2002

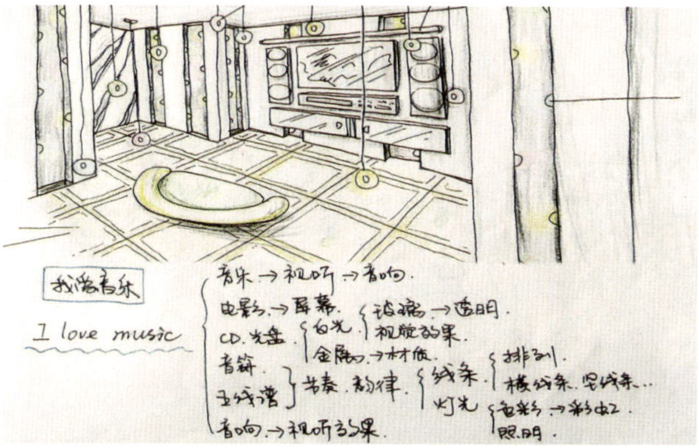

图 2-480 “我爱音乐”主题构思 / 朱惠媛 / 编者指导 / 2002

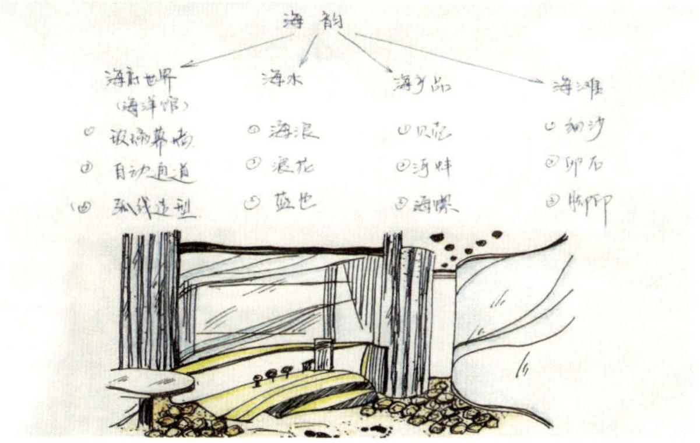

图 2-481 “海韵”主题构思方案 / 朱惠媛 / 编者指导 / 2002

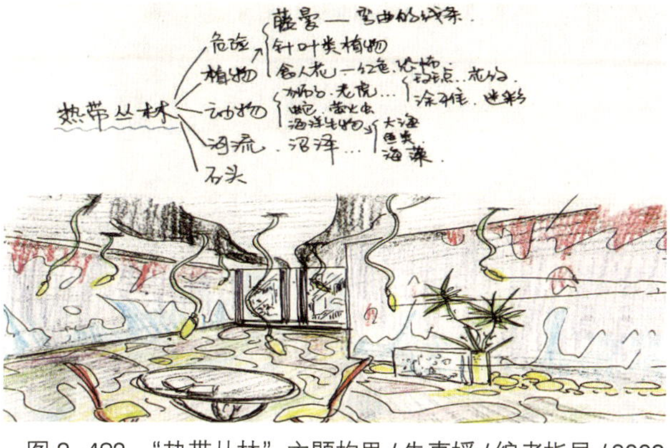

图 2-482 “热带丛林”主题构思 / 朱惠媛 / 编者指导 / 2002

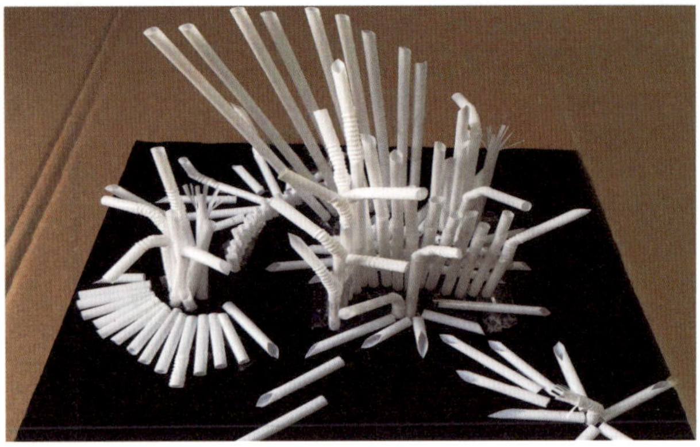

图 2-483　千树万树梨花开 / 丁慧 / 编者指导 / 2001

图 2-484　课程作品 / 中国风 / 丁慧 / 编者指导 / 2001

图 2-485　苏州工艺美院毕业设计作品 / 生命律动 / 谭坤主创 / 陈苏翔指导 /2018

图 2-486　苏州工艺美院毕业设计作品“天晓虫鸣”龙再武、于瑞秋等主创 / 陈苏翔指导 /2018

（图2-484）、块材（图2-485）或它们的组合（图2-486）来加工试制。如图2-483的作品主题为“千树万树梨花开”，作者以白色吸管（线材）加工成既像树又像花的基本单元，符合梨花开放时的感觉；再如图2-484的作品主题为“中国风”，作者以红色的卡纸折屈加工成立体的回形纹单元，也很切合主题。又如图2-485的作品主题为“生命律动”，该作品选择以三角形作为基本组合形，结合侗族和非洲文化图腾的图案作为特色装饰，再将数个三角形组合成整体作品。该作品形式饱满，给人以强烈的视觉冲击力，充满原始野趣，符合主题表达的要求。

第四步，完成整体造型。

对第三步中试制完成的创意基本单元进行复制（可以放大、缩小、重复甚至部分变异复制），形成多个创意基本单元。最后，根据主题创意要求，将上述创意基本单元进行组合成形并固定在基座上，固定时注意不同角度的视觉效果。如图2-482至图2-486。

第五步，完成视图表达。

③ 建议课时

12课时

④ 相关提示

老师在上课前要事先通知学生提前思考有关的主题（条件允许时，最好在上一个训练项目的课程结束前能为本训练项目上半小时预备课），让学生多搜集名言警句、诗词歌赋、文化符号以及相关的图片素材，为主题的顺利确定做好准备。

⑤ 评分标准

第一，主题个性和特色鲜明，主题创意构思方案切合主题的基本要求，占40%。

第二，构成作品表达具有抽象形式美感和想象力，能表达主题的意境，作品加工制作精巧，占50%。

第三，视图表达完整准确，占10%。

2）案例参考

① 主题创意构成案例一：“龙锦”主题雕塑

“龙锦”主题雕塑是法国著名雕塑家〔Jean

Bernard METAIS〕让·贝拉尔·梅泰的作品，是为句容龙锦·新天地广场设计的标志性雕塑。该雕塑创意来源于集团名称——“龙锦”，雕塑造型似随风飘舞的锦缎般轻盈灵动，又如腾空而起的巨龙而柔中带刚，具有刚柔相济、阴阳互融的特殊韵味。

让·贝拉尔·梅泰先生结合龙锦·新天地的项目特点和句容古城的地域文化背景，融合创新来创作该雕塑。由于创作灵感源于作者对于地域和环境的反应，使得作品和周边人群产生情感互动和内在联系。该雕塑全部采用镜面不锈钢制作而成，长11.6米，高7米，宽7.76米，具有很强的视觉冲击力。

从立体构成的角度来分析，“龙锦”雕塑是以“如龙似锦”为主题创意、以扭动的不锈钢曲面为基本元素所衍化形成的抽象造型，既具有简洁的现代美感同时又有较好的主题内涵，点亮和提升了周边环境的人文艺术品质，如图2-487至图2-495。

图 2-487 至图 2-495 “龙锦”主题雕塑实景照片 / 南京句容 / 2017

② 主题创意构成案例二：宝林寺观音阁

常州宝林寺始建于南朝梁武帝时（公元527年），557年北周孝闵帝重建，更名“法华寺”，宋崇宁兵毁，明代重建，复名“宝林寺”。该寺庙鼎盛时有殿宇千间，蔚为壮观。至1949年，仍有殿宇百余间。1958年被拆，仅存3间寺屋用作仓库。1995年12月，宝林禅寺重新开放。新宝林禅寺总体建筑风格为唐代寺庙风格，以观音阁为寺庙的空间布局中心，融入现代设计元素，将佛法、文化、艺术、科技于一体。该寺主体建筑为观音阁，其高91.9米为世界最高观音阁，其外观造型由108朵莲花瓣状的佛龛层叠而成，慈悲肃穆、蔚为大观。如图2-496至图2-498。

如果从立体构成的角度来分析观音阁的外观造型，它是宗教主题创意构成的立体呈现：以在佛教上具有神圣意义的莲花花瓣作为基本形，将花瓣基本形增加厚度形成立体感很强的花瓣洞龛造型（每龛安坐一尊金佛罗汉）为造型单元，再将造型单元组合成整个建筑的外观。观音阁的外观造型独特而自然，简洁而富有韵律，将宗教意境和时代感融为一体。

主题创意构成作品案例

主题创意构成赏析

③ 主题创意构成参考图片，如图2-499至图2-550。

图 2-496 至图 2-498　江苏常州宝林寺观音阁（建筑外观与室内空间）/ 2018

图 2-499、图 2-500　主题创意雕塑“银梢压春风”/ 长春世界雕塑公园 / 2014

图 2-501　校园主题雕塑“栋梁”/ 徐州 /2013

图 2-502 至图 2-504　常州艺象天地下沉花园

图 2-505 至图 2-507　以摄影为主题的空间装置艺术 / 南京艺术学院 / 2014

图 2–508 至图 2–512　上海迪士尼乐园“红皇后御花园”主题景点造型 / 2017

图 2–513 至图 2–516　以三角形为形式主题的良渚文化艺术中心建筑环境造型 / 杭州 / 安藤忠雄（日本）设计 / 2019

图 2-517 至图 2-521　以梯形为形式主题的建筑造型 / 常州西太湖津通智慧谷 / 2019

图 2-522 至图 2-525　“圆融”主题雕塑 / 苏州工业园区道园金鸡湖 / 2003

图 2-526 “山重水复”主题构成作品 / 周佳俊 / 编者指导 / 2011

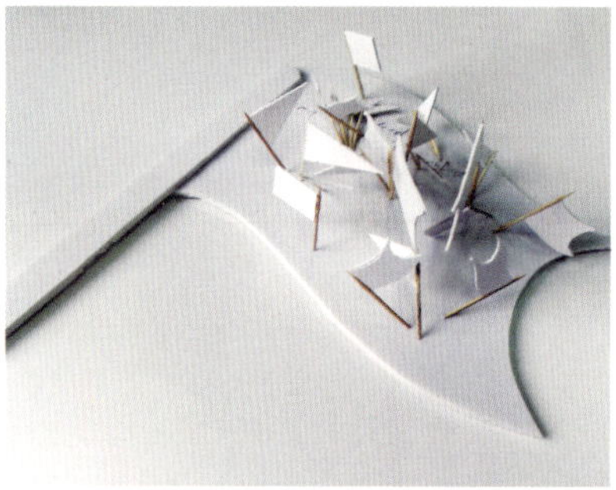

图 2-527 主题创意构成“飘扬”

图 2-528 主题创意构成“美梦”

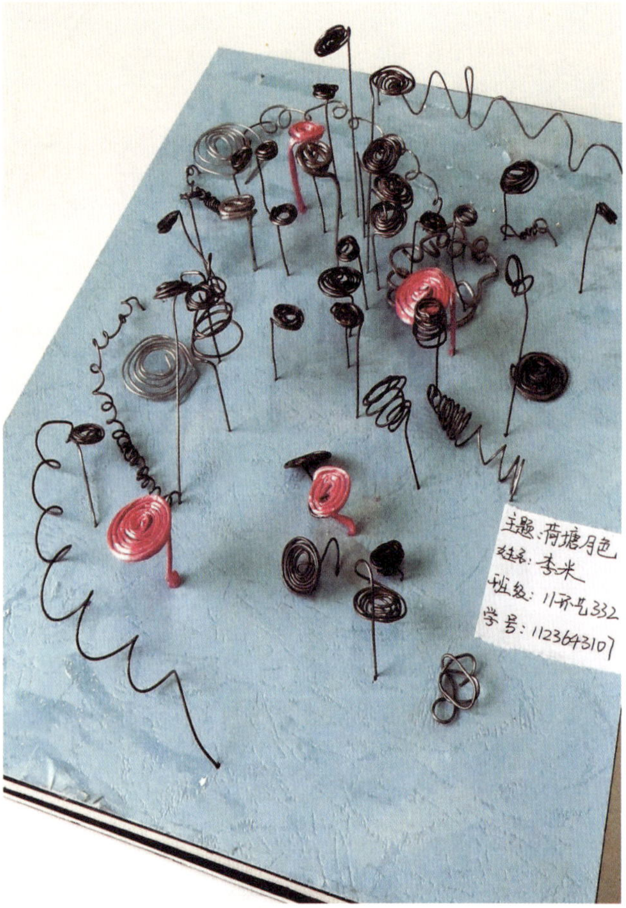

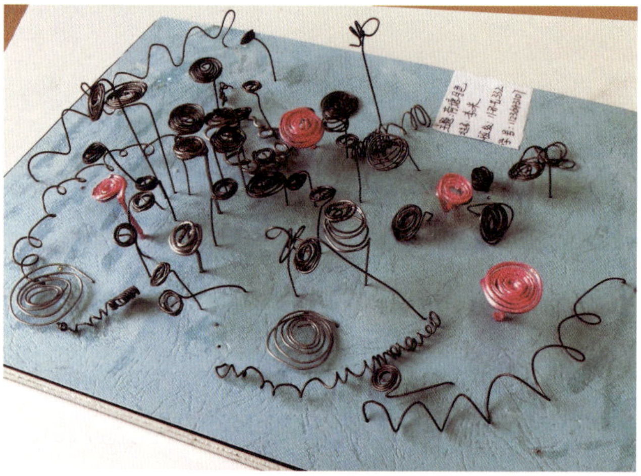

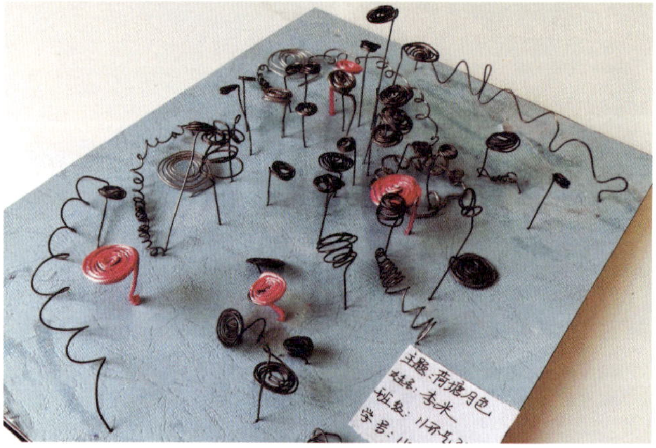

图 2-529 图 2-531 “荷塘月色”主题创意构成作品 / 李米 / 编者指导 / 2011

图 2-532 课程作品“接天荷叶无穷碧” / 邵珠恩 / 2011

图 2-533 主题创意构成作品“易境构成” / 成欢 / 2011

图 2-534、图 2-535 主题创意构成作品“易境构成”

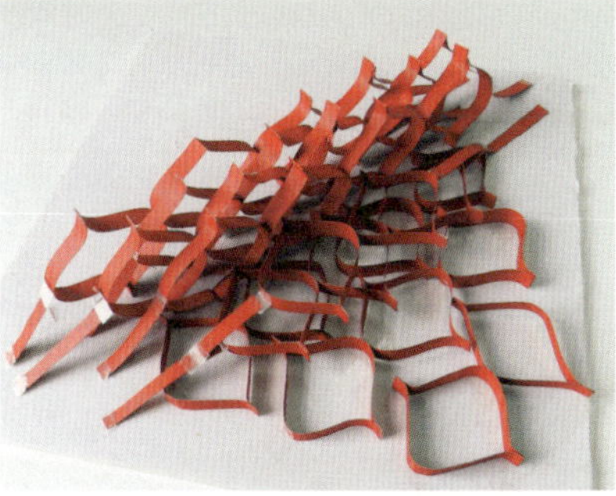

图 2-536 主题创意构成作品“灯笼”/李米/编者指导/2011

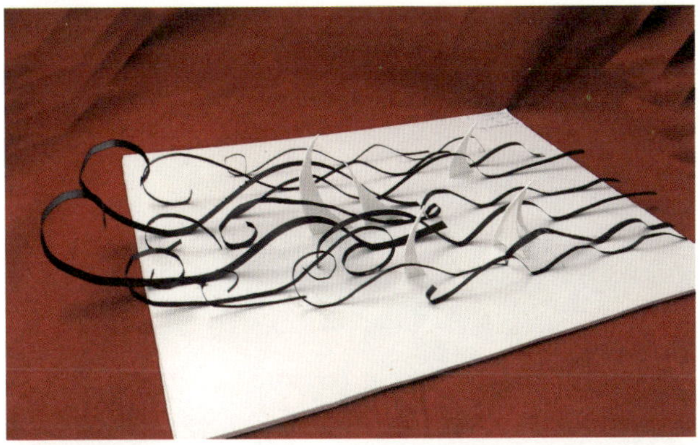

图 2-537 课程作业“浪花”/丁意/2013

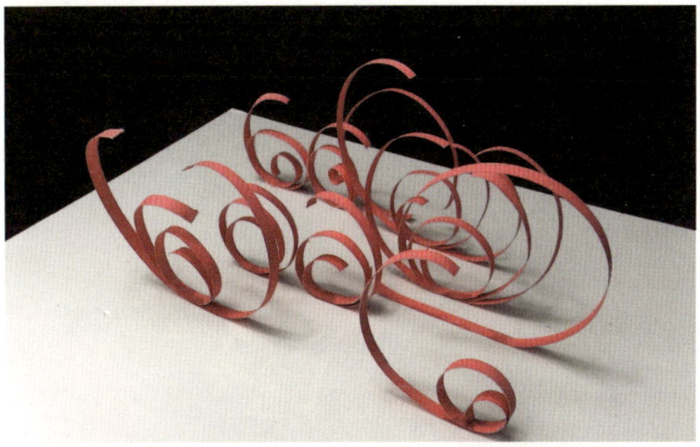

图 2-538 课程作业“浪花”/何梦婷/2013

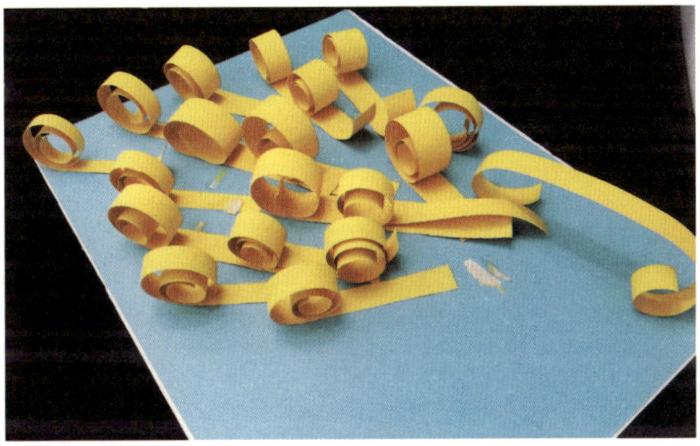

图 2-539 课程作业“浪花”/闫薪如/2013

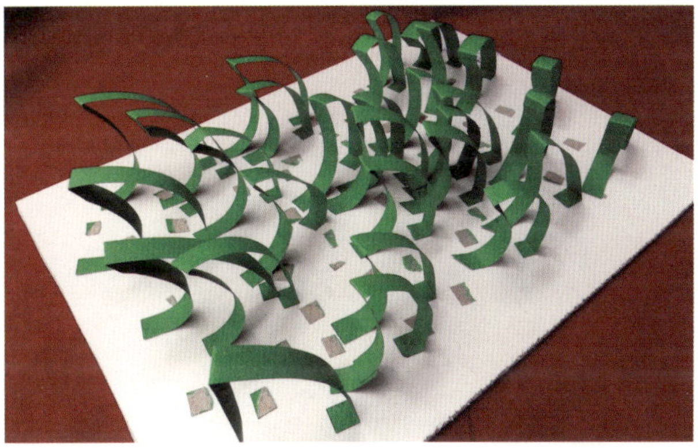

图 2-540 课程作业“浪花”/孟帅/2013

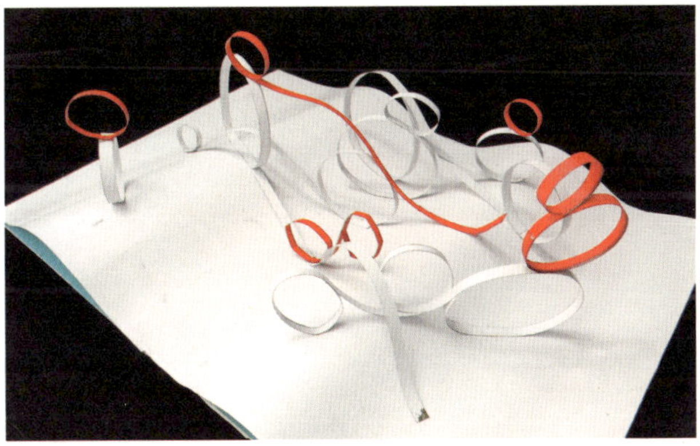

图 2-541 课程作业“浪花”/张书钰/2013

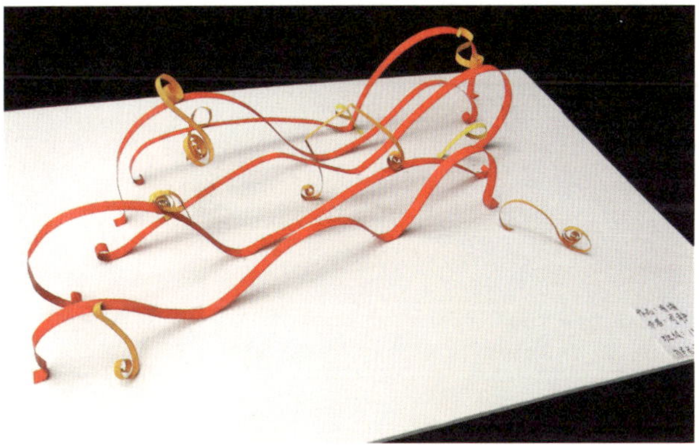

图 2-542 课程作业“浪花”/周静/2013

图 2-543　课程作业“浪花”/ 秦晔 / 2013

图 2-544　课程作业“浪花”/ 刘威 / 2013

图 2-545　课程作业“星空”/ 李秋颜 / 2013

图 2-546　课程作业“腾飞”/ 马群 / 2013

图 2-547　课程作业“花开花谢”/ 史新页 / 编者指导 / 2020

图 2-548　课程作业“秋色”/ 孙嘉璐 / 2013

图 2-549　课程作业“中国风”/ 王萍 / 2013

图 2-550　课程作业“中国风”/ 戴蕊 / 2013

3）相关知识

① 设计符号认知

能够以形象（包括造型、色彩、声音等）表达思想和概念的物质实在都是符号，简单来说就是以容易理解的形象来指代复杂而不易描述的事物，如以玫瑰花（爱情符号）来指代人类复杂而微妙的男女感情。

符号最基本的功能，就是认知和交际。符号的出现就是为了方便表达、交流和公共生活的需要，如人类从早期的结绳记事交流到后来文字的交流，结绳和文字都是符号。符号能打破时空的限制，把一个人感知的东西告知别人，把已经过去了的事情告知现在和未来。符号普遍存在于人类社会，交流着各种信息，是人类精神文明和思维的载体。人与世界不仅处于物质的交换和循环关系中，而且也处于符号化的互动的关系中。人类需要沟通，而各式各样的符号已成为世界沟通的桥梁，它是人类情感交流的结晶。德国哲学家卡西尔有句名言：人是“符号的动物”。是的，人类正是应用了精巧的“符号之网”，从而创造了丰富多彩的文化生活方式。

设计符号认知

符号的构成包括两个层面，即能指和所指。能指（Signifier）是符号的表征，为符号应具有的表现层面（如音响或形象），这一层面表现出它可感知的一面，也称为“符号形式”。所指（Signified）是符号的内容或指向，为符号应具有的内容层面，这一层面是抽象、不可感知的。这两个层面必须始终像一枚硬币的正反两个面一样，缺一就不成其为符号。如语言符号，其语音（能指）和语义（所指）之间是约定俗成的关系。

符号具有概括性、形象性、可认知性、稳定性、可创造性等特点，因而在艺术设计中对被广泛运用。我们把在艺术设计中所运用的或创造的符号性元素称为设计符号，设计符号包括文化符号（图2-551、图2-552）、指示符号（图2-553、图2-554）、标志或象征图形等。各种传统符号和传统图形在现代设计中越来越受到重视，将它们演变为设计符号可以使得设计作品更加具有内涵（图2-555至图2-557）。

图 2-551　太极图案代表道教符号

图 2-552　开元通宝为古钱币符号

图 2-553　禁止吸烟指示符号

图 2-554　统一交通指示符号

图 2-555 至图 2-557　苏州园林特色文化符号“花窗”演变的造型，隐喻“开放”/苏州 / 2003

图 2-558 “寿”字演变为符号

图 2-560 如意演变为符号

② 传统符号简介

传统符号简介

党的“二十大”报告中指出要让“中华优秀传统文化得到创造性转化，创新性发展”，传统文化包括传统符号。传统符号是指来自传统文化中，具有丰富人文内涵的图形、造型形象以及表面装饰图案。中国传统符号是代表东方文明的文化艺术瑰宝，包括文化符号类、人工造物类（外观及装饰）以及自然景观类。常见的传统符号有寿字、如意、钱币、护符、八卦太极图等。

寿字符号。人人都希望长寿，中国文字的“寿字”便被人们加工和美化，逐步形成了很多与之相关的吉祥如意的图案化的符号形象。如图2-558、图2-559所示。

图 2-559 寿字图案铺地 / 扬州个园 / 2014

如意符号。如意原是中国古人用于搔痒的爪杖，用它可以挠痒不求人故称“如意”，后来逐渐发展成为象征吉祥的符号。如意是传统的室内陈设用品和送人的吉祥礼品，意为“事事如意”，也是佛家用具之一，可将经文记于其上以备遗忘。如图2-560、图2-561所示。

钱币符号。两千多年前，中国就开始使用铜铸硬币，圆形方孔的造型始于战国时期。铜钱象征富贵，其上常铸有“天下太平”“吉祥如意”等字样。人们还相信，用红线串起或者用红包包好八枚铜钱放在小孩枕头底下可以驱邪，“压岁钱”也因此而来。如图2-562所示。

图 2-561 如意云纹 / 杭州胡雪岩故居 / 2013

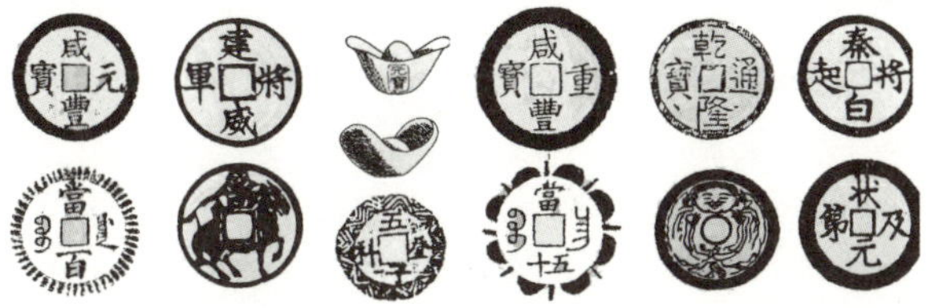

图 2-562　钱币演变为符号

护符。中国人很早就使用护符，如长命锁就是使用最广泛的护符，过去主要是铜铸的八卦太极护符，到后来发展到以纸张画符替代。护符也是中国道教的重要符号之一，如图2-563所示。

佛八宝。佛八宝即佛教所供奉的八种法器，分别为：法螺、法轮、宝伞、白盖、莲花、宝瓶、金鱼、盘长，简称“螺轮伞盖、花瓶鱼长”。佛八宝图案常作为吉祥、幸福的象征。法螺：全称“法螺妙音吉祥”，表示佛音吉祥、象征好运。法轮：佛法圆转、生命不息。宝伞：松弛自如、保护众生。白盖：加被大千世界，解脱病贫的象征。莲花：象征圣洁。宝瓶：福智圆满，象征成功和名利。金鱼（双鱼）：表示坚固、活泼，象征幸福，也可辟邪。盘长：表示长寿，象征循环不息。如图2-564、图2-565所示。

图 2-564　佛八宝符号

八卦太极图。八卦太极图是道教的标志性符号，用于驱凶辟邪、祈福求吉，也是一个吉祥图案。八卦由两种基本符号“—”（阳）和“--”（阴）构成，用它们组成八种形式，即八卦（乾卦、坤卦、震卦、巽卦、坎卦、离卦、艮卦、兑卦）。道家认为，宇宙生太极，太极生两仪，两仪分阴阳，阴阳生四象，四象生八卦。八卦相重可以演为六十四卦，象征宇宙万物。如图2-566、图2-567所示。

图 2-563　护符

图 2-565　路灯上的盘长装饰 / 常州淹城

图 2-566　八卦太极图的景观 / 江苏茅山

灯笼。每逢元宵佳节，人们都喜欢张灯结彩，看灯是元宵节一道靓丽的风景。原来，古人认为正月十五是春节的最后一天，前来人间欢度春节的祖先灵魂要借助灯笼引路回到另外一个世界。中国灯笼有着丰富的造型和文化特色，如图2-568、图2-569所示。

方胜。方胜是中国古代重要的装饰符号，具有吉祥如意、生命不息的含义，它与宝珠、古钱、玉磬之、犀角、银锭、珊瑚、如意合称“八宝”。方胜最早是古代女子的首饰，由两个菱形压角部分相叠合形成的造型，该图案广泛应用于古代建筑、家具、服饰等。如图2-570、图2-571所示。

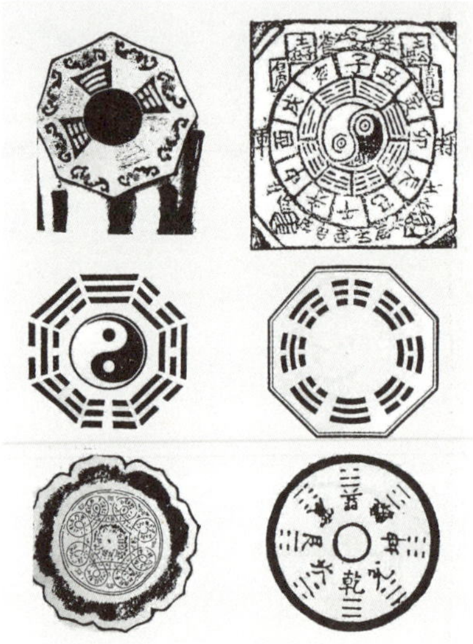

图 2-567　八卦太极图

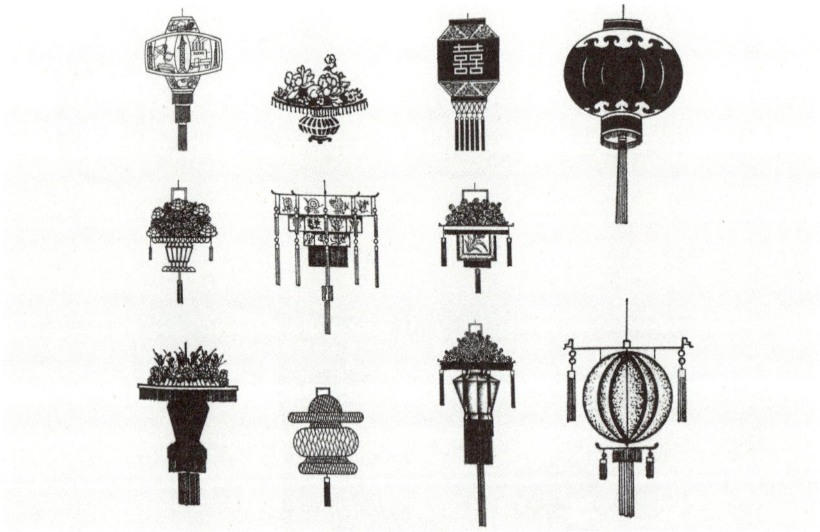

图 2-568　中国灯笼

图 2-569　红灯笼 / 西安

图 2-570　方胜演变为符号

图 2-571　方胜造型灯具 / 宁波天一阁

图 2–572　左图为北京什刹海的牌楼，右图为北京中山公园的牌坊及葫芦形装饰。牌坊（楼）是中国富有特色的建筑符号，是空间出入边界的标志；葫芦也是中国道教的重要标志符号之一，是辟邪的护符 / 2008

图 2–573　折扇是中国文化的代表符号之一 / 世界设计大会 / 2005

图 2–574　月门（或称圆罩门），是中国古代建筑的一个重要装饰造型，代表“圆满、团聚、花好月圆、蟾宫折桂”等美好含义，具有符号性 / 左图皖南宏村（2004），右图台湾第一届世界设计大会（2011）

图 2–575　苏州留园冠云峰，太湖石是中国传统文化的代表符号之一 / 2005

图 2–576　剪纸艺术品是中国传统工艺美术的一种符号 / 西安大唐芙蓉园 / 2012

图 2–577　中国古典建筑的彩画与装饰图案 / 北京故宫 / 2008

第三章

赏析篇

——从设计创意看构成表达

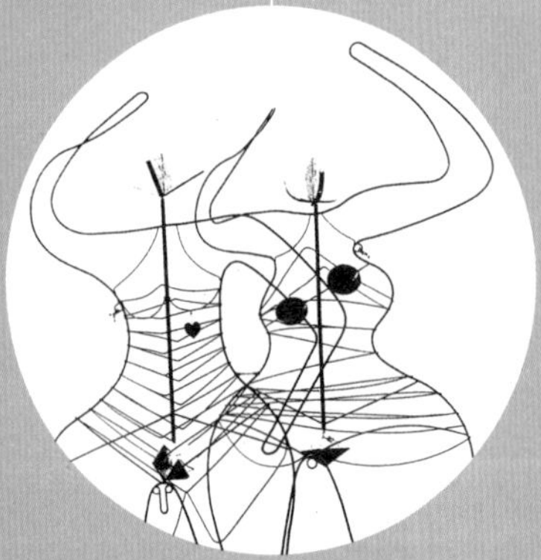

立体形态都有长、宽、高三个维度的尺寸数据，所以我们可以把立体形态称为三维形态。为了讨论的方便，这里把创意设计的三维形态划分为三种情况：第一种是实体造型，这类造型偏重于立体的外观形式美，从艺术设计对象的分类来看，属于实体造型创意的设计类型主要有产品造型设计、雕塑造型设计、装置艺术设计等；第二种是空间造型，为了便于低年级学生理解，这里不讨论与空间相关的时间维度，这里所讨论的空间也只是涉及为了满足人类本身生活、工作、休闲等所需要的功能性活动空间，属于空间造型创意的设计类型主要有室内空间设计、展示空间设计、景观园林设计以及舞台造型设计等；第三种是混合造型，这类造型既要考虑立体的外观同时也要兼顾其所包含的内部空间，属于混合造型创意的设计类型主要有建筑外观设计、包装造型设计以及时尚（服装、服饰、化妆、发型等的整合，或称人物形象设计）造型设计等。

“适用、坚固、美观”的建筑设计三原则，是公元前1世纪古罗马著名建筑师维特鲁威所提出的，这三个原则同样适用于建筑设计以外的其他设计类型，因为这三个方面与各类造型创意都有密切的关系。“美观”是人类视觉审美的需要，它取决于立体造型创意的形式感，有的人工造物甚至把审美作为首要的标准，如工艺品、艺术品等。“适用”是人工造物的基本目的所在，所以有关的造型创意首先要满足人类的各种使用和活动的需求，满足舒适感要求。“坚固”是指立体的持久性和稳定性，它对于造型创意提出了结构性的支撑要求。

由于本门课程的基本教学目的是侧重培养学生的抽象形式美感以及创新的设计思维能力，故本章中所讨论的内容在“适用、坚固、美观”的设计三原则中，偏重于美观方面对于造型创意表达要求的介绍。

※※※关于本章的课外小作业

根据教师提供的参考书目或网站，查阅相关资料完成一份关于本专业相关的一知名设计作品的构成赏析报告，手工誊写在A3大小的纸张上。赏析报告有关内容：临摹完成本专业相关的某知名设计作品的2至3幅钢笔画，完成与之相关的文字表述不少于300字，注意版面编排效果。文字表述部分包括作品背景介绍（如作者、表达形式、灵感来源），构成手法分析（材料、结构、工艺、审美）。在版面的显目位置上标出“某某作品构成赏析”，在版面的右下角标明作者姓名、班级、学号、指导老师以及制作日期。

第一节　实体造型的构成运用

设计构成
赏析1

立体构成在各类实体创意中的运用是十分广泛的，实体造型中的立体构成运用侧重形体本身的形状、量感、色彩、质地、光影等的处理以及各个形体之间的关系处理。本节内容介绍包含产品设计造型、装置艺术造型、雕塑艺术造型等专业设计方向，每个方向介绍三个相关的设计造型创意案例，案例中配以必要的作品背景介绍以及立体构成方面的分析，使得本门课程与各专业的后续课程有较好的衔接，也增加学生对自己所学专业的认识。

1. 实体造型创意运用一：雕塑造型设计案例

① 雕塑造型设计与构成案例一："亚当与夏娃"

"亚当与夏娃"是以线构成为主的主题抽象雕塑，该雕塑以最粗的两根金属线代表人体脊椎，以稍粗的金属线勾勒出男女的身体轮廓（蓝线代表男人、红线代表女人），再以重复排列的细线在人体的局部（主要是腰部和腿部）进一步强化人体的结构特征，最后以几个小块材点缀于头部以及线网之中来进一步强化男、女特征。作品主题表达充分，用笔简练、恰到好处，结构虚实得当，富有空灵的神韵。整个作品与周边环境融为一体，给人以想象的余地，如图3-1所示。

图 3-1　亚当与夏娃 / 艾索达 / 日本美的原高原美术馆

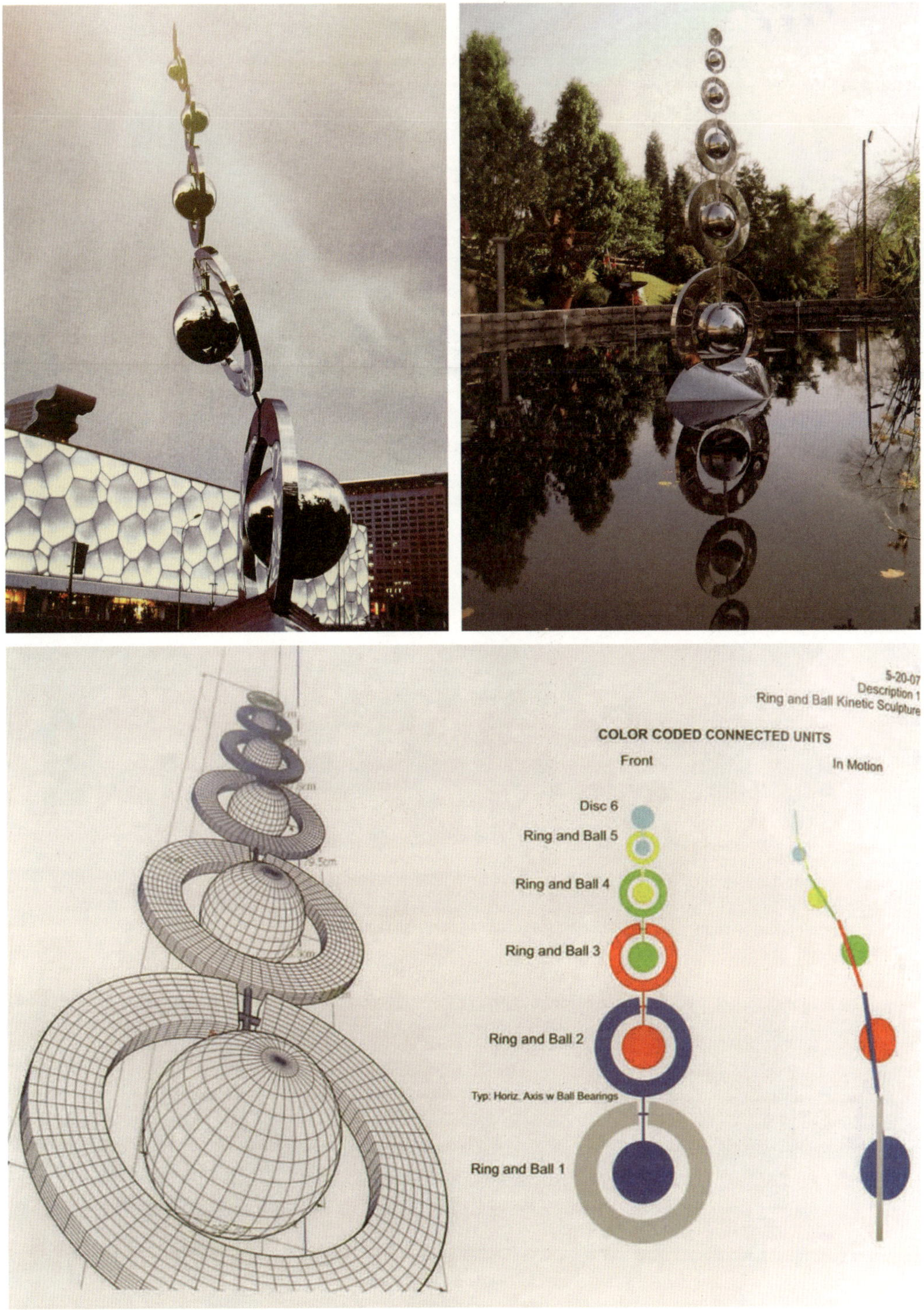

图 3-2 “随风舞动”/ 引自《景观雕塑与小品》/ 2012

② 雕塑造型设计与构成案例二：“随风舞动”雕塑造型

“随风舞动”是一个动态雕塑，该雕塑由五个球、五个环竖向连接而成，可以前后左右摆动以及上下起伏，风来时雕塑上的环会被推动倾斜，但是与之相连的球由于重力的惯性则会把环拉回来，这样五个球和五个环都会不同程度地来回往复运动，如图3-2所示。

从立体构成的角度来分析，该作品是块材的两种基本型（球与环）的累积重复构成，五个球和五个环自下至上由大到小逐渐变小，富有韵律感。

图 3-3 “司马光砸缸”雕塑造型 / 孙绍群 / 青岛

③ 雕塑艺术造型与构成案例三：“司马光砸缸”主题雕塑造型

从立体构成的角度分析，该雕塑运用了线、面与块材相结合的综合材料构成，作者在没有打破“缸”这个原形态的基础上，巧妙地将缸的造型部分虚化形成线（面转为线和“砸缸”主题吻合）与面的组成，再加上缸周围的几个小孩的块体造型形成了线、面、块的有机组合，整个作品虚实分明、动静相宜，如图3-3所示。

2. 实体造型创意运用二：产品造型设计案例

① 产品造型设计与构成案例一："红蓝椅"

红蓝椅是荷兰风格派艺术最著名的代表作品之一，是由家具设计师里特・维尔德设计而成的。这把椅子整体都是木结构，由13根互相垂直的木条组成椅子的空间结构，各结构间用螺丝紧固而非传统的榫接方式，该椅子使用单纯明亮的色彩来强化造型：红色的靠背板、黄色的木条端部和蓝色的坐垫板。里特・维尔德是将风格派艺术从平面延伸到立体空间的重要艺术家之一，他在1919年推出的这款《红蓝椅》是纯几何形态的立体构成形式，其标准化构建以及简洁的形式对现代主义设计产生了深远的影响，如图3-4所示。

从立体构成的角度分析，该作品是线材、面材形成的综合材料重复构成，以线材的框架支撑面材的放置角度来满足坐的功能，造型让人赏心悦目。

图 3-4　红蓝椅 / 里特・维尔德 / 1919

② 产品造型设计与构成案例二：“古典风尚”家具系列造型

“古典风尚”家具系列造型以简化的中国明式家具造型为框架主体，适当点缀结合西式家具的沙发造型概念，中式元素中的马蹄、罗锅枨等符号与西式元素中的皮面、靠垫等符号在椅子和沙发造型中相得益彰，使得家具造型在稳重、优雅中求得舒适和自由感，如图3-5所示。

从立体构成的角度分析，该作品系列中的椅子和沙发造型是以线材为主、面材为辅的综合材料构成，并且在造型中加入了中西传统元素，属于主题创意构成类作品。

图 3-5 “古典风尚”家具系列 / 丁嘉明 陈爱宁

图 3-6 “孔雀椅” / 汉斯 · 瓦格纳（丹麦）/ 1947

③ 产品造型设计与构成案例三：“孔雀椅”

“孔雀椅”是国际顶尖的家具设计师汉斯 · 瓦格纳（Hans Wegner，1914—2007）的作品，他于1947年设计的这款“孔雀椅”深为公众所喜爱，如图3-6所示。瓦格纳的家具设计与中国明式家具有着很深的亲缘关系，同样都是不断功能化简洁化的过程。尤其是他的椅子设计，结构科学，充分阐发材料个性，造型完美细节完善亲切舒适安静简朴，他因此被人们称为椅子大师。

从立体构成的角度分析，该作品是硬质线材的重复构成，尤其是椅子的靠背造型既有孔雀开屏的形式美感，又有中国圈椅的影子，制作十分精美。

3. 实体造型创意运用三：装置艺术设计案例

① 装置艺术作品与构成案例一：“光与影”

“光与影”这个装置作品位于西班牙巴塞罗那的一个小镇上，它充分运用地中海壮观的光环境，向人们展示变幻的光影之舞。该装置的造型为半片葡萄叶的脉纹造型，加上它在地面的半片光投影，形成虚实完美结合的整片叶子造型，故该作品又名“叶子”。夜晚，在射灯的照射下该作品显得十分迷人，如图3-7所示。

从立体构成的角度分析，该作品是典型的仿生形态构成，以镂空的叶脉线和叶缘线形成作品造型，该立体构成十分强调光线参与下的虚实结合效果，光影同时带给人们以强烈的时间流逝感。

图 3-7 “光与影”/ Juanjo Novella / 西班牙

②装置艺术作品与构成案例二："火焰"

"火焰"位于穿过英国米德尔斯堡镇中心的一条公路边，一系列金黄色的阳极氧化铝板条在地面上排成长列，形成壮观的景象。当人们从该装置品旁边经过时，随着观看视角的变化，所看到的形状也会不断改变。不同角度的板条会对光线有不同的反射，形成独特的"火焰"般的光线效果，为道路边打造了一道亮丽的风景线。

从立体构成的角度分析，该作品是块材累积组合构成，通过材料的长短渐变、角度渐变、方向渐变形成了四个近似的曲线状组合，四个组合整合成富有韵律变化的大型装置艺术品，如图3-8所示。

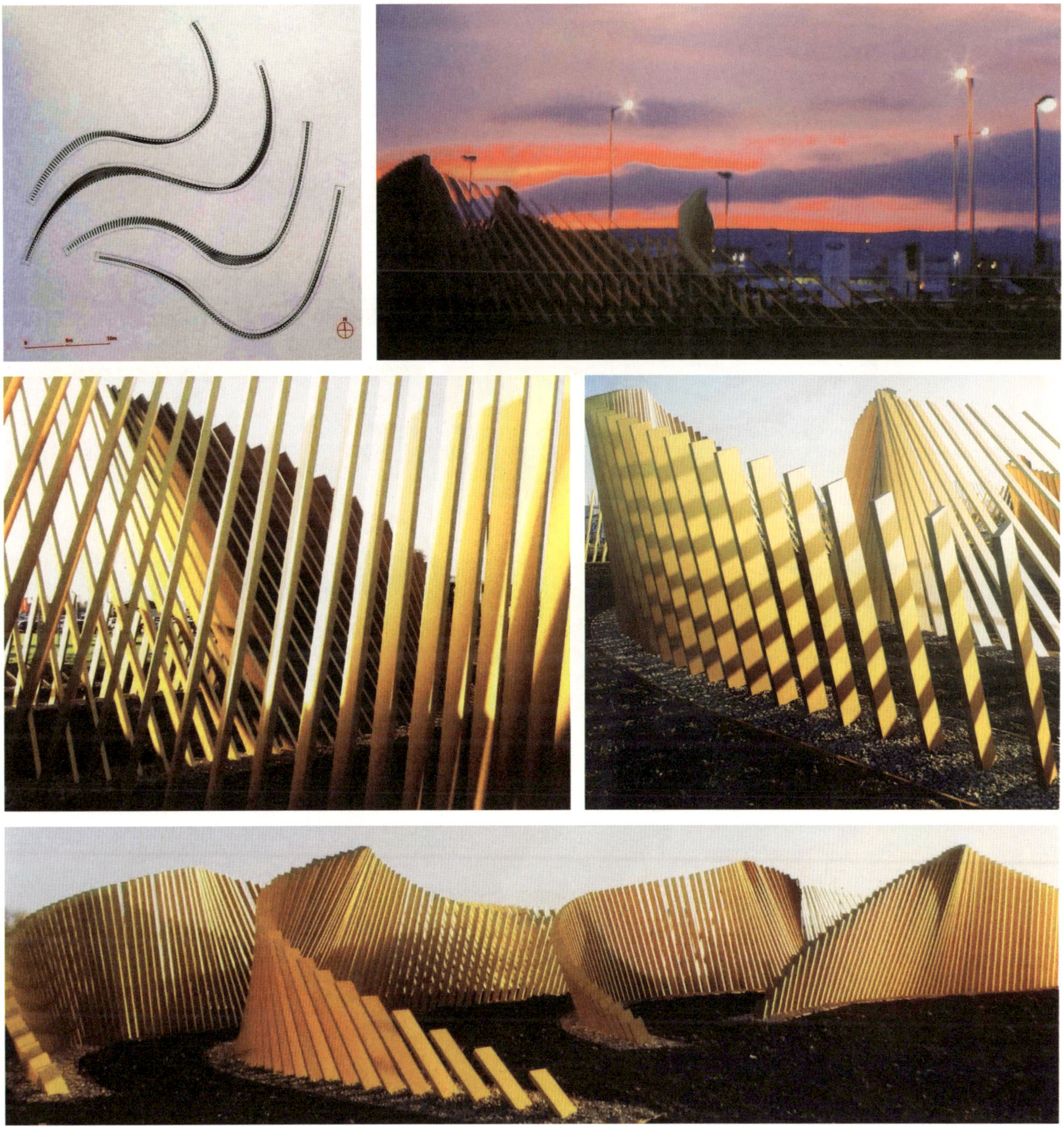

图 3-8 "火焰" / Ian McCesney / 英国

图 3-9 “螺旋回力镖” / Studio Weave / 英国

③ **装置艺术作品与构成案例三：“螺旋回力镖”**

“螺旋回力镖”这个装置作品是以回力镖为原型的螺旋形木结构造型，围绕着位于伦敦市西史密斯菲尔德的和平纪念喷泉搭建而成，作品的存在强化了该场地的休闲特征，并反衬了和平纪念喷泉的古典和庄重。该作品以放大的回力镖为基本形，这些回力镖在别的场地也可以不同的序列进行组合，如单人座、组合座等，如图3-9所示。

从立体构成的角度分析，“螺旋回力镖”这个作品是典型的块材累积组合构成，镂空的螺旋形造型虚实有致，回力镖作为基本形的运用使得作品富有亲切感和休闲意味。

第二节 空间造型的构成运用

设计构成
赏析2

立体构成在各类空间创意中的运用主要表现于两个方面：一是作为空间的边界形成空间分隔和装饰，二是作为空间视觉趣味中心、构图中心的主体装饰造型。这两种情况的立体造型，都是在空间创意主宰下的立体形状、量感、色彩、质地、光影等的处理以及各个形体之间的关系处理。本节内容介绍包括室内环境设计、展示艺术设计、景观园林设计等专业设计方向，每个方向介绍三个相关的造型创意案例。

1. 空间造型创意运用一：室内空间设计案例

① 室内空间设计与构成案例一：迪拜帆船酒店中庭空间

迪拜帆船酒店是世界顶级豪华酒店，其中庭空间显得富丽堂皇。该共享空间中的视觉焦点有造型优美的喷泉、挺拔饱满的梭形柱以及上空韵律感极强的弧形装饰，如图3-10所示。

从构成的角度分析，该中庭空间是以曲线为主题的线、面、块相结合的空间创意造型。其中，线型喷泉是线的重复构成，弧形装饰是曲面的重复构成，梭形柱则是曲线块材的重复构成。

图 3-10　迪拜帆船酒店中庭空间 / 引自《全球顶级酒店设计圣经》

图 3-11　卡汶设计中心办公空间 / 新贤维思设计有限公司

② 室内空间设计与构成案例二：卡汶设计中心办公空间

卡汶设计中心办公空间，以卡汶企业自然、时尚、极富艺术气质的理念作为室内空间设计的基本定位，以现代手法搭配大量自然元素，从另一个角度去理解自然与艺术的关系，营造出一个简约而丰富的、具有生命力的空间，如图3-11所示。

从构成的角度分析，该作品是仿生形态构成。局部空间的形成借鉴了“孵蛋”的概念，以不规则错位排列的面材造型围合成岛式办公空间。顶棚的悬挂装饰是面的重复构成，不规则面形成的基本形在空间中重复排列延伸，形成多变的顶部装饰曲线，与岛式空间的造型相映成趣。

图 3–12　台湾南港佳敏办公空间 / 黄士华等 / 引自《创意办公空间》

③ 室内空间设计与构成案例三：台湾南港佳敏办公空间

台湾南港佳敏办公空间设计，是对于不同功能（接待区、会议区、展示区、培训区、仓储区等）进行空间大小空间穿插、渗透的空间尝试，如图3–12所示。

从构成的角度分析，该作品是面（板）材组合的重复构成，由中空透光板形成U形框架分隔并联系了各个大小不同的空间，不同的板状隔间、玻璃隔间与之在造型上形成呼应关系，整个办公系列空间布置显得灵活多变。

2. 空间造型创意运用二：展示空间设计案例

① 展示空间设计与构成案例一：丰田汽车的特装展位设计方案

从构成的角度分析，丰田汽车的特装展位设计方案是以三角形作为基本形式主题，以线材、块材相结合的综合材料构成。以线材构成的三角形立柱向空间内斜支撑块材构成的大三角形组，它们连同中心立柱支撑的两个圆形一起形成了展位空间的基本造型，周边还设立了几组块材构成的小三角形组与大三角形组相呼应，整个展位设计显得活泼动感，如图3-13所示。

图 3-13　丰田汽车特装展位设计方案 / 引自《展示构想设计》/ 高凡、曹伟智编著

② 展示空间设计与构成案例二：“圆形”主题展位设计

如图3-14所示，是以“圆形”为形式主题的两套特装展位设计方案。从构成的角度分析，两个设计方案均以圆形为空间形成的基本格网，其楼梯造型、隔断造型、顶盖造型以及各种辅助装饰造型的排列均与圆形格网的布局有关。为了增加空间造型的变化和趣味，两个方案在圆形空间格局的基础上，适当揉入了从内向外呈发散状的扇形布局和造型。

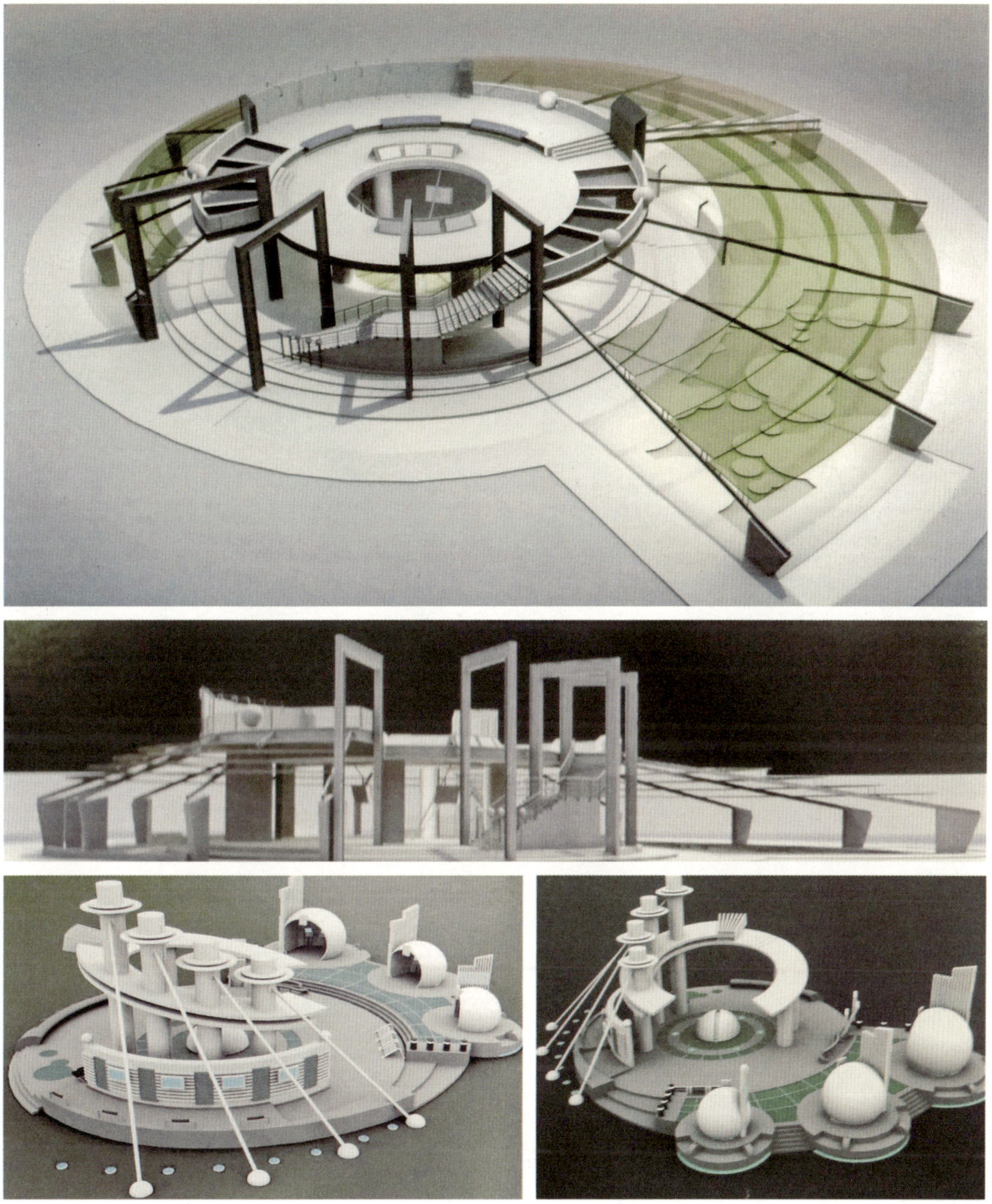

图 3-14 “圆形”主题展位方案 / 引自《展示构想设计》/ 高凡、曹伟智编著

③ 展示空间设计与构成案例三：阿迪达斯特装展位设计

该阿迪达斯的特装展位设计以奥运会的“五环”为主题，形成富有特色的展示空间，如图3-15所示。从构成的角度分析，该作品是以圆形为基本型的重复构成。

图 3-15　阿迪达斯特装展位方案 / 引自《会展设计》/ 康韦·劳埃德·摩根著

图 3-16　上海静安寺地铁站出口下沉广场 / 卢济威、顾如珍等 / 1999

3. 空间造型创意运用三：景观规划设计案例

① 景观规划设计与构成案例一：上海静安寺地铁站出口下沉广场

静安寺下沉广场位于上海地铁2号线在静安寺站的5号出入口处（南京西路和华山路交叉口的东南侧），与静安公园相连，也是进入静安公园的过渡缓冲空间。该下沉广场面积2800平方米，由广场、半圆形露天剧场、柱廊以及大小阶梯等组成，如图3-16所示。

从构成的角度分析，该下沉广场是圆弧形（柱廊、露天剧场、喷泉池、喷泉周边座位、地铁出口弧形踏步、庭院灯）为主、矩形（地铁出口两侧大小绿化阶梯、地面铺装灯）为辅的块材累积组合构成，该作品的空间组织以及形态组合达到较好的统一，既满足了空间的功能又具有整体的形式美感。

② 景观规划设计与构成案例二：“钻探世界”主题景观

以地质钻探作为主题的景观设计是加拿大大梅蒂斯国际花园展的一个展览项目。该方案中的柱体景观犹如用一系列钻探试体柱形成的特殊树林，试体里面采集了魁北克加佩斯半岛的植物和矿物取样，地面上呈岛式布局的微地形处理则反映了该半岛的地形景观，作品很好地体现了所要表达的主题，如图3-17所示。

从构成的角度分析，该景观设计造型是硬质线材（钻探试体柱）和块材（岛式微地形）混合组合构成，线材的疏密变化和大小块材的排列共同营造了一个特定的主题空间。

图 3-17 “钻探世界”主题景观 / 引自《生态景观》

③ 景观规划设计作品与构成案例三：马湾公园观景平台

马湾是香港143个岛屿中的一个，又名公园岛。马湾公园位于一个充满绿意的高地上，为造访者提供了一个和谐的受到保护的大自然环境。山顶设置一处大露台，设置多方位的观景平台，在此可以俯瞰周边景观以及世界上最长的青马大桥，如图3-18所示。

从构成的角度分析，该观景平台硬质线材组合的线层构成，有长、短两种线层组合，短线层组合起到支撑长线层组合角度造型的作用，长线层组合呈斜向发射状富有韵律感，长短两种线层又共同完成了对观景平台的空间分隔和组织。

图3-18　马湾公园观景平台 / 新鸿基建筑工程有限公司 / 香港马湾岛 / 2006

第三节　混合造型的构成运用

设计构成
赏析3

混合造型是指同时要兼顾外观以及内部空间的造型创意类型，如建筑外观造型创意要考虑其室内空间的使用功能（使用功能决定了空间的大小、形状、排列方式等），如包装容器造型除了外观美感还必须要考虑被包装物品的大小、类型以及有关的保护要求，如时尚造型设计除了造型本身的形式感还要考虑与人体的适配关系（即人体各个部位的适应关系）等。

1. 混合造型创意运用一：包装造型设计案例

① 包装造型设计与构成案例一："WOOD"品牌系列包装

商品或产品的外观包装在起到保护作用的同时也起到宣传品牌、提升品质的效果，包装造型的创意首先要解决其基本功能（保护功能、便利功能和传递功能等），然后在商品或产品的品质、品牌、文化等形象功能上生发造型创意。图3-19所示为"WOOD"品牌的系列包装设计，在造型、色彩、图案以及文字等方面采取了共同性的设计。

从立体构成的角度分析，该系列包装作品是面材重复构成，外包装的立体造型采用统一的三段式四边形柱体，但是各个柱体之间有高低、大小、粗细等方面的变化，在统一中有对比。

图 3-19 "WOOD"品牌系列包装 / 引自《包装创意设计指南》/ 王兴凯、程惠琴编著 / 2009

图 3–20 “鹿谷九五至尊茗茶”系列包装 / 杨景方

② 包装造型设计与构成案例二：“鹿谷九五至尊茗茶”系列包装

“鹿谷九五至尊茗茶”系列包装的外包装在造型创意具有一定的突破性，采用了井字型硬质块材造型作为提梁兼包装定位框架，提梁之内以面材加工成分段（三段式或两段式）处理的外包装盒，整个外包装的形象凸显了该商品与众不同品质和个性，如图3–20所示。

从立体构成的角度分析，该作品是块材、面材相结合的综合材料构成，通过面材折曲构成形成立体外包装，通过块材的框架构成形成提梁，整个系列包装的组合统一中有变化。

③ 包装造型设计与构成案例三：“趣游碗”包装造型创意

“趣游碗”为台湾彭喜执设计工作室自主开发的瓷盘工艺品，其包装设计强调以硬纸板的朴实本色衬托工艺品的品质，因此在产品包装的造型和色彩上均低调简洁，如图3-21所示。

从构成的角度分析，该包装造型是板材的插接组合构成，以四片局部镂空与缺口的长方形板材为框架形组合单元，框架形组合单元根据内部放置碗的多少可以上下重叠，而板材上局部的镂空与缺口有利于绳索的绑扎定位并且增加了包装造型上虚实的变化。

图 3-21 “趣游碗”包装造型设计 / 彭喜执 / 台湾 / 2008

2. 混合造型创意运用二：时尚造型设计案例

① 时尚造型设计与构成案例一：“洛丽塔的冰淇淋”主题时尚造型

“洛丽塔的冰淇淋”是一款主题人物形象服饰造型设计，甜美的冰粉色调给人温馨雅致的享受，造型上采用仿冰淇淋甜筒的设计，通过粉绿、粉黄色的纸质锥状造型的错落堆积，在人体的头部、裙摆处形成充满体积感与层次感的夸张甜筒组合造型，形成具有凹凸序列感的人物服饰视觉形象，如图3-22所示。

从立体构成的角度分析，该造型的基本手法是面材的弯曲构成辅以构成线材的缠绕构成，利用彩色卡纸弯曲成蛋筒状的基本形，再以基本形重复构成分别形成头饰和裙饰。蛋筒状的基本形有大小、色彩、排列方向的渐变，尤其是作为头饰的蛋筒造型端部通过剪裁加工成线的缠绕状，增加了造型的妩媚感。

② 时尚造型设计与构成案例二："绿野仙踪"主题时尚造型

这款主题为"绿野仙踪"的创意头饰与服装设计，运用纸和垃圾袋等为主要材料，通过折、叠、拼、贴的立体造型技法，营造出整体可爱俏皮的感觉。头饰将纸的纯粹或抽象的形态进行组合，创意出更完美的纯形态构成；上衣胸前的纸质放射状对比色调的蝴蝶结夸张，具有视觉扩张和充实感，下半身塑料袋材质盘绕堆叠出的不对称造型的泡泡裙，形成空间的节奏感和流动感。如图3-23所示。

从构成的角度分析，该作品是面材的重复构成，以纸的折扇造型为基本形，通过基本形的大小变化、方向变化、张开角度变化等形成协调统一又变化的整体造型，显得既优雅又活泼。

图 3-22 "洛丽塔的冰淇淋"主题时尚造型 / 戴蓓 / 2013

图 3-23 "绿野仙踪"主题时尚造型 / 印苏雯 / 2013

图 3-24 "金木水火土"时尚造型之"火"篇 / 丁儒洁 / 2013

③ 时尚造型设计与构成案例三："金木水火土"时尚造型之"火"篇

这款是主题为"金木水火土"时尚造型之"火"篇的创意设计，运用软质的纱网与具有弹性的金属丝进行曲线交错层叠组合，材质上既对比又和谐统一，块面的分割处理富有动势与韵律感，黑色和红色的搭配非常抢眼，体现光明与未来的寓意，如图3-24所示。

从立体构成的角度分析，该作品造型是采用软质线材的网面构成与缠绕构成的组合，在软质的纱网的基底上以红色的绸布条缠绕成火焰造型的头饰，加上披肩上红色碎布条的呼应，具有整体感。

3. 混合造型创意运用三：建筑外观造型案例

① 建筑外观造型与构成案例一："2026首尔公社"

"2026首尔公社"又名"公园大楼"，该建筑设计方案的构想在于混合了社区公寓和旅馆两种概念，它运用一个私人房间和浴室作为基础的模具单元，周边再配以服务设施空间。建筑外观造型借鉴了传统陶瓷的式样，并在其外表裹以蜂巢式的表面结构来支撑攀爬植物，起到遮阴和净化空气的作用，如图3-25所示。

从立体构成的角度来分析，该作品是蜂巢陶瓷柱作为基本单元的重复构成，陶瓷柱本身的造型均为有变化的近似形，它们的重复组合具有疏密的变化，整个造型创意富有视觉冲击力以及文化底蕴。

图 3-25　2026 首尔公社 / Minsuk Cho

② 建筑外观造型与构成案例二：艾迪大楼

艾迪大楼是一栋高达26层的绿色高层建筑，该建筑拥有自然的通风换气系统，大楼40%的供能来自太阳能，55%的雨水回收循环利用。在该建筑的露台上有大量绿植，很好地结合了绿化空间和居住面积。该建筑的外观造型迎合了绿色建筑的需要，显得开敞、通透、层次分明，如图3-26所示。

从立体构成的角度分析，该建筑外观造型是块材（楼层中间结构部分和阳台）、面材（遮阳板）的综合材料重复构成，面材的造型布置注意了长短的变化，块材的造型有统一（均为多边形折线）、有变化，块材叠放注意方向的变化有利于阳光和绿色的穿插，整个外观造型富有韵律感。

图 3-26　艾迪大楼 / T. R. Hamzah & Yeang International（马来西亚）/ 新加坡

图 3–27　苏州博物馆新馆 / 贝聿铭 / 2006

③ **建筑外观造型与构成案例三：苏州博物馆新馆**

苏州博物馆新馆是国内唯一由贝聿铭先生设计的博物馆建筑，该建筑选址与拙政园、太平天国忠王府毗邻，设计风格体现“中而新、苏而新”的主张。该建筑外观以及环境造型借鉴苏州民居粉墙黛瓦的气质以及苏州园林恬静的氛围，同时又具有现代感和时代气息，如图3–27所示。

从立体构成的角度分析，该设计作品是三角形（人字坡屋顶、切片假山石等）、矩形格（白墙与深灰色格线）这两个基本形的重复构成，既具有抽象几何感，又有传统意蕴，作品整体格调清新高雅。

参考文献

REFERENCE

[1] [日] 朝仓直巳．艺术・设计的立体构成 [M]．林征，译．北京：中国计划出版社，2000.

[2] 彭一刚．建筑空间组合论 [M]．北京：中国建筑工业出版社，1998.

[3] 辛华泉．立体构型 [M]．成都：四川美术出版社，1992.

[4] 寻胜兰、彭琬玲．新民艺设计 [M]．北京：北京大学出版社，2013.

[5] [法] 罗兰・巴尔特．符号学原理 [M]．李幼蒸译．上海：三联书店，1988.

[6] [美] 韦恩・亨特．环境景观标识设计 [M]．大连：大连理工大学出版社，2003.

[7] 潘谷西．中国建筑史（第四版）[M]．北京：中国建筑工业出版社，2001.

[8] 陈志华．外国建筑史（第二版）[M]．北京：中国建筑工业出版社，2001.

[9] 同济大学等．外国近现代建筑史 [M]．北京：中国建筑工业出版社，1999.

[10] 钱正盛、钱正坤．中华吉祥图案大全—吉祥图符 [M]．上海：东华大学出版社，2006.

[11] 中国包装联合会设计委员会．中国设计年鉴 [M]．北京：九州出版社，2012.

[12] [美] R. 斯特吉斯．国外古典建筑图谱 [M]．北京：世界图书出版公司，1995.

[13] 钟训正．建筑画环境表现与技法 [M]．北京：中国建筑工业出版社，1989.

[14] 倪海曙．视觉和仿生学 [M]．北京：知识出版社，1985.

[15] 香港卓越东方出版有限公司．酒店设计经典 [M]．胡小倩、同心、祝宏，译．大连：大连理工大学出版社，2011.

[16] 凤凰空间・华南编辑部．景观雕塑与小品 [M]．南京：江苏人民出版社，2012.

[17] 刘冀林．环境雕塑 [M]．武汉：湖北美术出版社，2002.

[18] 王兴凯、陈惠琴．包装设计创意指南 [M]．上海：上海科学技术文献出版社，2009.

[19] 李向荣．中国设计机构年鉴08包装设计卷 [M]．大连：大连理工大学出版社，2008.

[20] 高凡、曹伟智．展示构想设计 [M]．沈阳：辽宁科学技术出版社，2008.

[21] [法] 康韦・劳埃德・摩根．会展设计 [M]．大连：大连理工大学出版社，2005.

[22] 凤凰空间・华南编辑部．景观装置艺术 [M]．南京：江苏人民出版社，2013.

[23] DAM工作室．创意办公空间 [M]．武汉：华中科技大学出版社，2013.

[24] [法] 巴尔波．生态景观 [M]．法国亦西文化，译．沈阳：辽宁科学技术出版社，2010.

[25] 尚刚．天工开物：古代工艺美术[M]，北京：生活・读书・新知三联书店，2007.

[26] 鲁石．你应该读懂的100处世界建筑[M]，西安：陕西师范大学出版社，2007.

[27] 萧默．建筑的意境[M]，北京：中华书局，2014.

[28] 孙大章．中国民居之美[M]，北京：中国建筑工业出版社，2011.

[29] [意] 瓦勒丽亚・曼菲托・德・法比安尼斯．优雅的时尚[M]，北京：中国摄影出版社，2016.

[30] [法] 帕特里克・德韦弗等．地球之美[M]，北京：新星出版社，2017.

[31] [英] 布赖恩・梅等．太空漫游—宇宙中100个令人神往的目的地[M]，南宁：广西科学技术出版社，2016.

[32] [法] 玛特・富尼耶，当自然赋予科技灵感》[M]，北京：新星出版社，2017.

[33] [英] 布赖恩・考克斯，宇宙的奇迹[M]，北京：人民邮电出版社，2014.

[34] 谢芾，探索基因之谜[M]，合肥：安徽师范大学出版社，2012.

[35] 李超，病毒一家人[M]，合肥：安徽师范大学出版社，2012.

[36] 陈惠中、许俊霞，餐桌上的中药・灵芝[M]，北京：金盾出版社，2015.

[37] 中国2010年上海世博会官方网站http：//www/expo2010/cn/.

[38] 360设计网站https：//hao.360.com/?src=lm&ls=n757da5328c.

[39] 中国大学mooc（慕课）https：//www.icourse163.org/course.

[40] 互动百科网站http：//www/hudong/com.

[41] 昵图网http：//www/nipic/com.

后记
POSTSCRIPT

现代艺术设计教育是技能性和创意性并重的双轨体系。德国包豪斯是现代设计教育的肇始，包豪斯的艺术教育家们一开始就提出了“艺术与技术相结合”的先进教育理念，在教育的实践中强调培养实际动手能力，将动手和动脑的训练贯穿于设计教学的全过程，以此来培养学生独立的设计能力和创造力。但是，我国的构成教学似乎还没有完全把握好包豪斯这一先进的教学理念，或强调了手工制作技巧而忽视了创造力培养，或强调了形式美感训练而忽视了学生的创新性设计思维能力的培养。因此，学生常认为该课程只是枯燥、机械的模仿性制作，而缺乏方向性、趣味性和针对性的专业化引导。

最近几年，教育部在原有国家精品课程建设的基础上逐渐往课程整合、专业整合和专业群建设的方面引领，淡化专业、强化课程已经是形势所趋，因此专业基础课的适应性、延伸性亟待加强。目前，“立体构成”的教学改革进入到多维度拓展阶段，项目化、主题化、方向化、人文化的教学改革在逐步推行，本教材的编写也正是朝着这些方面去努力尝试。首先，为强化设计思维训练和抽象形式美感培养以及加强训练的方向性和趣味性，在本教材设计中加入仿生性构成和演绎性构成创作的内容；其次，本教材适当考虑课程训练往专业性方向的拓展，在该课程训练项目中加入了主题性构成创作，这是往专业设计转化的重要过渡性训练；第三，以往的教材很强调实体关系但忽视了空间关系以及虚实的相互转换关系，本教材加入了空间构成的训练，将立体构成训练纳入空间背景之下；最后，立体构成既是现代设计领域中一门基础造型课，也是一门艺术创作设计课，从文化创意产业人才培养的角度来看，文化元素的渗入是我们在贯彻现代创意设计教育人文化的重要一环。

值此书稿付梓之际，有太多的感谢之情需要表达。感谢本套书的总主编林家阳教授的多方指点，这是本书编写质量和进度的重要保证！感谢中国轻工业出版社的高度信任，这是我们完成本书编写的强劲动力！感谢江苏大学艺术学院以及常州轻工职业技术学院艺术设计系为本书提供有关资料的各位老师，因为有不同专业的教师团队协作保证了本书的多专业适应性。感谢为教材提供课程作品的各位同学，但少数作品因为时间关系无法和作者一一对应，在此表示特别的歉意！书中除了绝大部分图片为编者拍摄外还有个别图片未能标明完整的出处，在此特向有关作者表示诚挚的歉意！也希望作者和我们取得联系，我们将深表谢意！

由于时间仓促，书中还有很多有待完善之处，甚至还存在缺点和错误，望同行们多多指正，我们将不胜感激！

编者

2020 年 8 月